Bernd Steinbach / Christian Posthoff
EAGLE-STARTHILFE
Technische Informatik

EAGLE 077:
www.eagle-leipzig.de/077-steinbach-posthoff.htm

Edition am Gutenbergplatz Leipzig

Gegründet am 21. Februar 2003 in Leipzig,
im Haus des Buches am Gutenbergplatz.

Im Dienste der Wissenschaft.

Hauptrichtungen dieses Verlages für Lehre, Forschung
und Anwendung sind:
Mathematik, Informatik, Naturwissenschaften,
Wirtschaftswissenschaften, Wissenschafts- und Kulturgeschichte.

EAGLE: www.eagle-leipzig.de

Bände der Sammlung „EAGLE-STARTHILFE" erscheinen
seit 2004 im unabhängigen Wissenschaftsverlag
„Edition am Gutenbergplatz Leipzig"
(Verlagsname abgekürzt: EAGLE bzw. EAG.LE).

„EAGLE-STARTHILFEN" aus Leipzig erleichtern den Start in ein
Wissenschaftsgebiet. Einige der Bände wenden sich gezielt an
Schüler, die ein Studium beginnen wollen, sowie an Studienanfänger.
Diese Titel schlagen eine Brücke von der Schule zur Hochschule und
bereiten den Leser auf seine künftige Arbeit mit umfangreichen
Lehrbüchern vor. Sie eignen sich auch zum Selbststudium und als
Hilfe bei der individuellen Prüfungsvorbereitung an Universitäten,
Fachhochschulen und Berufsakademien.

Jeder Band ist inhaltlich in sich abgeschlossen und leicht lesbar.

www.eagle-leipzig.de/verlagsprogramm.htm
www.eagle-leipzig.de/starthilfen.htm

Bernd Steinbach / Christian Posthoff

EAGLE-STARTHILFE
Technische Informatik

Logische Funktionen – Boolesche Modelle

EAG.LE | Edition am Gutenbergplatz
Leipzig

Bibliografische Information der Deutschen Nationalbibliothek
Die Deutsche Nationalbibliothek verzeichnet diese Publikation in der Deutschen
Nationalbibliografie; detaillierte bibliografische Daten sind im Internet über
http://dnb.d-nb.de abrufbar.

Prof. Dr.-Ing. habil. Bernd Steinbach
Geboren 1952 in Chemnitz. Studium der Informationstechnik an der TU Chemnitz.
Promotionen (Dr.-Ing.) 1981 und (Dr. sc. techn.) 1984. Habilitation 1991.
Von 1977 bis 1983 Assistent an der TU Chemnitz. Forschungsingenieur im
Kombinat Robotron von 1983 bis 1985.
Von 1985 bis 1992 Dozent für Entwurfsautomatisierung der TU Chemnitz.
Seit 1992 Universitätsprofessor für Informatik / Softwaretechnologie und
Programmierungstechnik an der TU Bergakademie Freiberg. Von 1998 bis 2000
Direktor des Instituts für Informatik an der TU Bergakademie Freiberg. Von 2003 bis 2006
Prodekan der Fakultät für Mathematik und Informatik an der TU Bergakademie Freiberg.
Seit 1992 Leiter des Steinbeis-Transferzentrums Logische Systeme in Chemnitz.

Prof. Dr.-Ing. habil. Dr. rer. nat. Christian Posthoff
Geboren 1943 in Neuhammer. Mathematikstudium an der Universität Leipzig.
Promotionen (Dr. rer. nat.) 1975 und (Dr. sc. techn.) 1979.
Habilitation (Dr.-Ing. habil.) 1991. Von 1968 bis 1972 Industrietätigkeit.
Von 1972 bis 1980 Assistent und Oberassistent an der Sektion Informationstechnik
der TU Chemnitz. Von 1980 bis 1983 Dozent für Logikentwurf.
Von 1983 bis 1993 Professor für Informatik / Theoretische Informatik und
Künstliche Intelligenz an der Sektion Informatik der TU Chemnitz.
Seit 1994 Full Professor of Computer Science am Department of Mathematics &
Computer Science der University of the West Indies, St. Augustine, Trinidad & Tobago.
Von 1996 bis 2002 Head of Department Computer Science.

Vierte Umschlagseite:
Dieses Motiv zur BUGRA Leipzig 1914 (Weltausstellung für Buchgewerbe und Graphik) zeigt neben
B. Thorvaldsens Gutenbergdenkmal auch das Leipziger Neue Rathaus sowie das Völkerschlachtdenkmal.

Für vielfältige Unterstützung sei der Teubner-Stiftung in Leipzig gedankt.

Warenbezeichnungen, Gebrauchs- und Handelsnamen usw. in diesem Buch berechtigen auch ohne spezielle
Kennzeichnung nicht zu der Annahme, dass solche Namen im Sinne der Warenzeichen- und Markenschutz-
Gesetzgebung als frei zu betrachten wären und von jedermann benutzt werden dürften.

EAGLE 077: www.eagle-leipzig.de/077-steinbach-posthoff.htm

Das Werk einschließlich aller seiner Teile ist urheberrechtlich geschützt. Jede Verwertung außerhalb der
engen Grenzen des Urheberrechtsgesetzes ist ohne Zustimmung des Verlages unzulässig und strafbar.
Das gilt besonders für Vervielfältigungen, Übersetzungen, Mikroverfilmungen und die Einspeicherung und
Verarbeitung in elektronischen Systemen.

© Edition am Gutenbergplatz Leipzig 2014

Printed in Germany
Umschlaggestaltung: Sittauer Mediendesign, Leipzig
Herstellung: BoD - Books on Demand, Norderstedt

ISBN 978-3-937219-77-6

Vorwort

Bereits am Anfang der Entwicklung binärer Systeme sind zwei Anwendungsbereiche zu sehen:

- Einmal die *logische Richtung*, die sich in der **Aussagenlogik** und deren Anwendungen zur Begründung und Entwicklung der Mathematik widerspiegelt und im Wesentlichen an den Namen *G. Boole* (1815–1864) gebunden ist.

- Der zweite Bereich beschäftigt sich mit der Anwendung des Dualsystems bei der **Konstruktion von Rechenmaschinen**; hier zählt *G. W. Leibniz* (1646–1716) zu den Begründern. Es sei auch erwähnt, dass die Blindenschrift, das Morse-Alphabet, der Lochstreifen und die Lochkarte als verbreitete Anwendungen binärer Denkweisen angesehen werden können.

Die Entwicklung und Anwendung der logischen Richtung prägt die Mathematik des ausgehenden 19. und des 20. Jahrhunderts. Sie war und ist ein Gebiet für Spezialisten und wird von einem relativ kleinen Kreis von Wissenschaftlern wahrgenommen, was ihre Bedeutung aber keinesfalls schmälert. Sie wird auch in einem Gebiet sehr relevant, das man gegenwärtig als *Künstliche Intelligenz* bezeichnet. Schließlich ist es für jedermann außerordentlich notwendig, sein Denken logisch auszurichten und korrekt vorzugehen.

Die Verwendung binärer Systeme bei der Konstruktion von Rechenmaschinen und deren Anwendung ist in den letzten 60 Jahren ein Gebiet geworden, das alle Strukturen in Wissenschaft und Technik maßgeblich verändert und beeinflusst. Folgende spezielle Gesichtspunkte sind dabei zu bemerken:

- Die Existenz einer Mensch-Maschine-Schnittstelle, die externe Darstellungen in Sprache, Schrift, in Bildern u.a. in binäre Darstellungen überträgt. Sie ist beispielsweise bei Lochkarten noch gut sichtbar: „eine bestimmte Position ist gelocht oder nicht gelocht". Diese Übertragung nimmt man aber kaum noch wahr, wenn man die Tastatur eines Computers bedient (als Eingabe) oder wenn man Texte auf einem Bildschirm liest (als Ausgabe). Für die Digitalisierung von Bildern und von Musik sind spezielle Geräte notwendig, die aber weder teuer noch aufwendig zu bedienen sind. Digitalkameras liefern die digitalen Darstellungen in direkter Art und Weise.

  Ein Bild wird beispielsweise in ein Raster unterteilt, es wird eine *Matrix* von Zeilen und Spalten gebildet. Die Farbwerte jedes Bildpunktes werden in *rot–grün–blau* zerlegt mit jeweils 256 Stufen. Wir werden sehen, dass man die 256 Werte in einem Byte darstellen kann, so dass für jeden Bildpunkt (jedes *Pixel*) drei Bytes aufgewendet werden (müssen). Sehr interessant ist auch die Digitalisierung medizinischer Informationen (EKG, EEG, Ultraschall, Röntgenbilder, ...).

- Computer-interne Mechanismen erlauben die Speicherung dieser Informationen und deren Verarbeitung. Im Jahre 1993 waren etwa 3 % der Informationen der Welt digitalisiert, bereits 2007 sind es 94 %. Die verarbeitenden Programme sind ebenfalls im Computer speicherbar und wirken mit der Hardware zusammen, deren Operationen von einem solchen Programm gesteuert werden. Der Entwurf der Hardware geschieht nun vollständig auf der Grundlage logischer Funktionen, sie sind im Wesentlichen eine *Entwurfssprache* für digitale Systeme geworden.

- Die Konstruktion von Programmen auf dieser Ebene ist auch ein Feld für Spezialisten, für die meisten Nutzer eines Computers können diese Programme als vorhanden vorausgesetzt werden. Viele *höhere Programmiersprachen*, die dann in vereinheitlichte Zwischensprachen oder direkt in *Maschinensprachen* übertragen werden, verwenden ebenfalls logisch fundierte Konzepte.

Schließlich kehren die binären Konzepte und Methoden zur Mathematik zurück und beeinflussen viele Vorgehensweisen in der *Diskreten Mathematik* ganz nachhaltig. Dort hat man sehr häufig die Situation, dass Probleme mit endlichen Mengen vorliegen, wobei diese Mengen außerordentlich groß sind. Man kann sich etwa Graphen mit einigen Hundert Knoten und Kanten vorstellen, für die bestimmte Probleme gestellt sind und tatsächliche praxisrelevante Lösungen konstruktiv gefunden werden müssen. Binäre Probleme wurden ja oft „verteufelt" auf Grund der prinzipiellen Komplexität 2^n. Auch hier wurden in den letzten Jahren große Fortschritte gemacht. Es ergeben sich daraus für viele Probleme völlig neue Konzepte und Konsequenzen.

1. Man muss sich bei vielen Fragestellungen nicht mit allgemeinen Erörterungen und Betrachtungen begnügen. Man kann diese Probleme tatsächlich lösen und die Ergebnisse anwenden. Die Mathematik wird anwendbarer denn je zuvor.

2. Das verschiebt den Schwerpunkt von Betrachtungen des Rechenaufwandes und der Komplexität hin zur korrekten logischen Modellierung eines Problems. Man muss sicherstellen, dass man ein **korrektes Modell** eines bestimmten Sachverhaltes besitzt.

3. Auf der Grundlage solcher Modelle muss man **korrekte Algorithmen** entwickeln und, darauf aufbauend, **korrekte Programme** schreiben.

Insgesamt soll hier die oft notwendige interdisziplinäre Zusammenarbeit betont werden. Selten wird jemand in der Lage sein, alle Schritte der *Modellierung – Algorithmierung – Programmierung – Interpretation der*

Ergebnisse allein zu bewältigen. Viele Aspekte haben sich schon zu eigenständigen Disziplinen entwickelt und erfordern bzw. rechtfertigen ein gesondertes Studium. Die Digitalisierung wertvoller Kunstschätze, die Gestaltung und der Zugang zu Archiven, schnelles und einfaches Kopieren von Informationen, die Neugestaltung des Bildungssystems – es ist überhaupt nicht zu sehen, wo man anfängt und wo man aufhört.

Natürlich kann man nicht alle diese Probleme mit dem uns hier zur Verfügung stehenden Platz lösen. Es ist aber unser Anliegen, die Grundlagen für den Umgang mit diesen Fragen in einer Weise darzustellen, bei der man als Laie mit guten Vorsätzen in dieses Gebiet „einsteigen" kann. Das Studium des Textes liefert eine sichere Grundlage, auf der man aufbauen und seine Kenntnisse in jeder Richtung vertiefen kann.

Das Studium dieser Starthilfe setzt nur Schulwissen voraus, die beste Methode, sich die dargestellten Konzepte anzueignen, besteht in einem sorgfältigen Lesen des Textes; man sollte die Beispiele nachrechnen und durch weitere eigene Beispiele ergänzen. Schließlich sollte man an jeder Übungsaufgabe so lange arbeiten, bis man sie allein lösen kann und die Lösung vollständig verstanden hat.

Wir danken Herrn Jürgen Weiß vom unabhängigen Wissenschaftsverlag „Edition am Gutenbergplatz Leipzig" für die ausgezeichnete Zusammenarbeit bei der Entstehung dieses Buches.

Freiberg, März 2014   Bernd Steinbach, Christian Posthoff

Inhalt

1. **Theoretische Grundlagen** 11
   1.1 Die Mengen $\mathbb{B}$ und $\mathbb{B}^n$ 11
   1.2 Metrische Eigenschaften von $\mathbb{B}^n$ 18
   1.3 Binäre Funktionen 22
   1.4 Rechenregeln und Algebraische Strukturen 29
   1.5 Normalformen 36
   1.6 Subfunktionen und Entscheidungsbäume 40
   1.7 Ternärvektoren 42
   1.8 Aufgaben 46

2. **Logische Gleichungen** 47
   2.1 Begriff und Lösungsmethoden 47
   2.2 Elementare homogene Gleichungen 51
   2.3 Mengenoperationen 53
   2.4 Ungleichungen 55
   2.5 Gleichungssysteme 56
   2.6 Das SAT-Problem 57
   2.7 Aufgaben 60

3. **Anwendungen in der Digitaltechnik** 61
   3.1 Arithmetik 61
   3.2 Digitale Schaltungen 68
   3.3 Höhere Programmiersprachen 79
   3.4 Aufgaben 84

4 Lösungen der Aufgaben 85
    4.1   Lösungen zum Abschnitt 1 85
    4.2   Lösungen zum Abschnitt 2 88
    4.3   Lösungen zum Abschnitt 3 93

Literatur 97

Stichwortverzeichnis 99

1 Theoretische Grundlagen

1.1 Die Mengen $\mathbb{B}$ und $\mathbb{B}^n$

Ausgangspunkt unserer Überlegungen ist die Menge $\mathbb{B} = \{0, 1\}$ mit den zwei verschiedenen Elementen 0 und 1. In technischen Anwendungen wendet man durchgängig die Bezeichnungen 0 und 1 an, in der **Programmierung** oder in der **Logik** sieht man öfter **true** oder **t** anstelle von 1 und **false** oder **f** anstelle von 0. Dabei kann man **true** mit **wahr** und **false** mit **falsch** übersetzen und auch diese Sprechweise verwenden. Diese Zweiwertigkeit wurde von *George Boole* (1815–1865) eingeführt [3]. Er verwendete für die Verkettung von zwei Aussagen die Multiplikation und stellte fest, dass sich die Wahrheit oder Falschheit von Aussagen nicht ändert, wenn man diese zweimal verwendet, es muss also, wenn x für die Wahrheit oder Falschheit einer Aussage steht,

$$xx = x, \qquad x^2 = x, \qquad x^2 - x = 0 \qquad \text{und} \qquad x(x-1) = 0$$

gelten, und diese Gleichung besitzt genau die beiden Lösungen $x = 0$ und $x = 1$. Der andere Zugang zur Zweiwertigkeit stammt von *Gottfried Wilhelm Leibniz* (1646–1716) [8], der ein Zahlensystem mit der Basis 2, d.h. den Ziffern 0 und 1, aufbaute, das uns heute als Dualsystem bekannt ist.

Ganz einfach definiert man die **Gleichheit** bzw. **Ungleichheit** für die Elemente von $\mathbb{B}$, die sichert, dass es sich um genau zwei verschiedene Elemente handelt:

$$0 = 0, \quad 1 = 1 \quad \text{und} \quad 0 \neq 1 \,.$$

Wir können diese beiden Elemente, jedes für sich genommen, als Vektor der Länge 1 betrachten. Das führt natürlich nicht sehr weit, deshalb erhöhen wir die Anzahl der zur Verfügung stehenden Elemente und betrachten alle Vektoren der Länge n.

Definition 1.1. *Für $\mathbb{B} = \{0,1\}$ ist*

$$\mathbb{B}^n = \{\mathbf{x} \,|\, \mathbf{x} = (x_1, x_2, \ldots, x_{n-1}, x_n), x_i \in \mathbb{B} \; \forall i = 1, \cdots, n\} \quad (1.1)$$

die Menge aller Binärvektoren mit n Komponenten, der binäre Raum $\mathbb{B}^n$.

Der binäre (Boolesche) Raum $\mathbb{B}^n$ kann auch als das Kreuzprodukt

$$\mathbb{B}^n = \underbrace{\mathbb{B} \times \ldots \times \mathbb{B}}_{n\text{-mal}} = \{\mathbf{x} \,|\, \mathbf{x} = (x_1 \ldots x_n), x_i \in \mathbb{B}, i = 1, \ldots, n\}$$

verstanden werden, das die Menge $\mathbb{B}$ n-mal verwendet. Meistens schreibt man nur die Binärwerte auf, um die Darstellung zu vereinfachen:

$$\begin{aligned}
\mathbb{B}^2 &= \{(00), (01), (10), (11)\}, \\
\mathbb{B}^4 &= \{(0000), (0001), (0010), (0011), (0100), (0101), (0110), (0111), \\
&\quad (1000), (1001), (1010), (1011), (1100), (1101), (1110), (1111)\}.
\end{aligned}$$

Es ist leicht, den folgenden Satz zu beweisen.

Satz 1.1. *Die Menge $\mathbb{B}^n$ hat 2^n Elemente.*

Beweis. Der Beweis benutzt das Induktionsprinzip. Es sei $n = 1$, dann hat $\mathbb{B}^1 = \mathbb{B}$ zwei Elemente. Wenn $\mathbb{B}^n$ 2^n Vektoren enthält, dann kann man jeden Vektor entweder mit 0 oder mit 1 erweitern, was zu zwei neuen Vektoren führt und so $2 \cdot 2^n = 2^{n+1}$ Vektoren mit $n+1$ Komponenten ergibt. Anschaulich gesprochen stellt man sich n Positionen vor, und für jede Position sind zwei Werte möglich, unabhängig von den anderen Positionen. Das führt dann zu $2 \times 2 \times \ldots \times 2 = 2^n$ verschiedenen Binärvektoren. □

1.1 Die Mengen $\mathbb{B}$ und $\mathbb{B}^n$

Wir können die Elemente von $\mathbb{B}^n$ auf konstruktive Art und Weise erzeugen und auch gleich auf eine bestimmte Art und Weise anordnen (siehe Tabelle 1.1).

Tabelle 1.1 Die Elemente von $\mathbb{B}^4$ als Dualzahlen

x_3	x_2	x_1	x_0	x_3	x_2	x_1	x_0
0	0	0	0	1	0	0	0
0	0	0	1	1	0	0	1
0	0	1	0	1	0	1	0
0	0	1	1	1	0	1	1
0	1	0	0	1	1	0	0
0	1	0	1	1	1	0	1
0	1	1	0	1	1	1	0
0	1	1	1	1	1	1	1

1. Definiere eine Tabelle mit n Spalten und 2^n Zeilen.

2. In der am weitesten rechts gelegenen Spalte x_0 wird die Folge (01) 2^{n-1}-mal benutzt.

3. Jetzt werden die beiden Elemente *verdoppelt* (was zu 0011 führt), und diese Folge wird in der Spalte x_1 2^{n-2}-mal verwendet.

4. Danach benutzen wir 00001111 in der am weitesten rechts gelegenen leeren Spalte usw.

5. Zuletzt benutzen wir 2^{n-1} Werte 0 und 2^{n-1} Werte 1 in der linken Spalte x_{n-1}.

Diese Konstruktion führt zu 2^n verschiedenen Vektoren, d.h. zu allen Vektoren von $\mathbb{B}^n$. Wir betrachten die Elemente in der Reihenfolge, in der sie in Tabelle 1.1 erscheinen. Das kleinste (erste) Element ist der Vektor

0=(0000) in der ersten Zeile, das größte (letzte) Element ist der Vektor **1**=(1111) in der letzten Zeile. Es ist zu beachten, dass Tabelle 1.1 in zwei Hälften geteilt wurde: nach dem Element (0111) folgt das Element (1000):

$$(0000) < (0001) < (0010) < \ldots < (1110) < (1111) \, .$$

Es wird also eine Ordnungsrelation definiert. Der Graph dieser Relation ist eine *Kette*: jedes Element $\mathbf{x} \neq \mathbf{0}$, $\mathbf{x} \neq \mathbf{1}$ hat genau einen Vorgänger und genau einen Nachfolger. **0** hat genau einen Nachfolger und keinen Vorgänger, und **1** hat genau einen Vorgänger und keinen Nachfolger.

Man kann diese Ordnung auch in folgender Weise definieren:

$$\mathbf{x} < \mathbf{y} \Leftrightarrow (x_1 < y_1) \vee (x_1 = y_1, \ldots, x_{i-1} = y_{i-1}, x_i < y_i) \qquad (1.2)$$

für alle $i \in \{2, \ldots, n\}$. Das Symbol $\vee$ bedeutet *oder* und wird im Abschnitt 1.3 erklärt.

Die Komponenten der Vektoren werden von links nach rechts geprüft. Alle Vektoren mit dem Wert 0 in der ersten Komponente kommen vor den Vektoren mit einer 1 in der ersten Komponente. Wenn die Werte in der ersten Komponente gleich sind, dann wird die zweite in der gleichen Weise in Betracht gezogen usw.

Dieses Prinzip wird in erweiterter Form benutzt, um die Worte in einem Wörterbuch zu sortieren, auf der Grundlage von $a < b < \ldots < x < y < z$ und geeigneter Berücksichtigung verschiedener Wortlängen (was für $\mathbb{B}^n$ nicht notwendig ist); daher wird der Name *lexikographische Ordnung* verwendet.

Ein zweiter Zugang zu dieser Ordnungsrelation ergibt sich, wenn wir die Ordnung der natürlichen Zahlen $\{0, 1, \ldots, 2^n - 1\}$ verwenden:

$$0 < 1 < 2 < \ldots < 2^n - 2 < 2^n - 1 \, .$$

1.1 Die Mengen $\mathbb{B}$ und $\mathbb{B}^n$

Für jeden Binärvektor $\mathbf{x} = (x_{n-1}, \ldots, x_0)$ definieren wir das Dezimaläquivalent $\mathbf{dec(x)}$ durch

$$\mathbf{dec(x)} = x_{n-1} \cdot 2^{n-1} + x_{n-2} \cdot 2^{n-2} + \ldots + x_1 \cdot 2^1 + x_0 \cdot 2^0 = \sum_{i=0}^{n-1} x_i \cdot 2^i \ . \quad (1.3)$$

Das bedeutet, dass der Vektor $\mathbf{x} = (x_{n-1}, \ldots, x_0)$ als Dualzahl angesehen (die Darstellung einer natürlichen Zahl unter Verwendung der Basis 2) und in die normale Dezimaldarstellung transformiert wird. Dieses System dualer Zahlen geht zurück auf den berühmten deutschen Philosoph, Logiker und Mathematiker *G. W. Leibniz* (1646–1716) [3].

Tabelle 1.2 Maximale Dezimalzahlen

n	$2^n - 1$	n	$2^n - 1$
1	1	11	2047
2	3	12	4095
3	7	13	8191
4	15	14	16383
5	31	15	32767
6	63	16	65535
7	127	17	131071
8	255	18	262143
9	511	19	524287
10	1023	20	1048575

Die Ordnungsrelation $<$ kann auf folgende Weise definiert werden:

$$\mathbf{x} < \mathbf{y} \Leftrightarrow \mathbf{dec(x)} < \mathbf{dec(y)} \ .$$

In dem Beispiel entsprechen die Vektoren $(0000), \ldots, (1111)$ den Zahlen von $0, \ldots, 15$ und werden entsprechend ihrem Dezimaläquivalent geordnet. Die Verwendung von 0 und 1 als Zahlen führt auch zur Bezeichnung **Bit** als Abkürzung für **binary digit**. n Bits erlauben die Darstellung der

Zahlen zwischen 0 und $2^n - 1$ (siehe Tabelle 1.2). Falls eine darzustellende Zahl k größer als $2^n - 1$ ist, dann müssen mehr Bits benutzt werden. Wir können eine notwendige Bedingung für die erforderliche Anzahl von Bits in folgender Weise finden (siehe Tabelle 1.3):

$$k \leq 2^n - 1 \Leftrightarrow (k+1) \leq 2^n \ .$$

$\mathrm{ld}(k+1) \leq n$ ld ist der Logarithmus zur Basis 2.
$3.332 \cdot \lg(k+1) \leq n$ lg ist der Logarithmus zur Basis 10.

Tabelle 1.3 Anzahl der erforderlichen Bits

$k+1$	$\lg(k+1)$	$\mathrm{ld}(k+1)$	Zahl der Bits
10	1	3.332	4
10^2	2	6.664	7
10^3	3	9.996	10
10^4	4	13.328	14
10^5	5	16.660	17
10^6	6	19.992	20

Hier wird die Beziehung $\mathrm{ld}(x) \approx 3,332 \lg(x)$ verwendet.

Wir werden später sehen, dass die Interpretation von Binärvektoren als Zahl eine der wichtigsten Anwendungen dieser Vektoren ist.

Von fundamentaler Bedeutung sind die Binärvektoren mit 8 Komponenten – sie werden als **Bytes** bezeichnet und sind die kleinste Einheit, die bei der Verarbeitung von Informationen in digitalen Medien in Betracht gezogen wird. Sie werden nach oben zusammengefasst als

1 Kilobyte (1.000 Bytes = 1 kB),
1 Megabyte (1.000.000 Bytes = 1 MB) und
1 Gigabyte (1.000.000.000 Bytes = 1 GB).

Wegen des engen Zusammenhangs zwischen der Anzahl der Bits zur Adressierung der Bytes wird alternativ auch verwendet:

1.1 Die Mengen $\mathbb{B}$ und $\mathbb{B}^n$

1 Kibibyte $(2^{10} = 1.024$ Bytes $= 1$ KiB),
1 Mebibyte $(2^{20} = 1.048.576$ Bytes $= 1$ MiB) und
1 Gibibyte $(2^{30} = 1.073.741.824$ Bytes $= 1$ GiB).

Die zweite Ordnungsrelation über $\mathbb{B}^n$ ist als GRAY-Kode bekannt. Es wird die gleiche Tabelle mit n Spalten und 2^n Zeilen benutzt. Wir starten in der am weitesten rechts gelegenen Spalte mit 0 in der ersten und 1 in der zweiten Zeile. Für die nächsten zwei Zeilen wird aber die gespiegelte Folge 10 verwendet. Dies führt insgesamt zu 0110 und wird bis zum Ende der Tabelle 2^{n-2}-mal angewendet. Die anderen Spalten folgen dem gleichen Prinzip so lange wie notwendig. Dies führt wiederum zu 2^n verschiedenen Binärvektoren, und die Ordnung dieser Vektoren wird entsprechend ihrem Auftreten in der Tabelle vorgenommen.

Die Aufzählung der Elemente von $\mathbb{B}^n$ im GRAY-Kode hat eine sehr bemerkenswerte Eigenschaft: *Man kann den nächsten Vektor erhalten, wenn genau* **ein Bit** *des Vektors geändert wird. Der letzte Vektor (1000) des Beispiels wird auch durch Änderung eines Bits in den ersten transformiert* (siehe Tabelle 1.4).

Tabelle 1.4 Die Elemente von $\mathbb{B}^n$ im GRAY-Kode

x_3	x_2	x_1	x_0	$\mathbf{dec(x)}$	x_3	x_2	x_1	x_0	$\mathbf{dec(x)}$
0	0	0	0	0	1	1	0	0	12
0	0	0	1	1	1	1	0	1	13
0	0	1	1	3	1	1	1	1	15
0	0	1	0	2	1	1	1	0	14
0	1	1	0	6	1	0	1	0	10
0	1	1	1	7	1	0	1	1	11
0	1	0	1	5	1	0	0	1	9
0	1	0	0	4	1	0	0	0	8

1.2 Metrische Eigenschaften von $\mathbb{B}^n$

Die Änderung eines Bits von einem Vektor zum nächsten Vektor beim GRAY-Kode legt nahe, dass zwischen diesen beiden Vektoren nur ein geringer „Abstand" herrscht. Um dieses Konzept etwas zu präzisieren, führen wir den Begriff des *metrischen Raumes* ein.

Definition 1.2. *Gegeben sei eine beliebige Menge $S = \{x, y, z, \ldots\}$. Eine Funktion d von der Menge $S \times S$ in die Menge $\mathbb{R}$ der reellen Zahlen ist eine Metrik, falls die folgenden Axiome erfüllt sind:*

1. $d(x,y) \geq 0$; $d(x,x) = 0$; *falls* $d(x,y) = 0$ *ist, dann ist* $x = y$.
2. $d(x,y) = d(y,x)$.
3. $d(x,z) \leq d(x,y) + d(y,z)$.

Man bezeichnet d auch häufig als *Abstand* oder als *Entfernung*. Das letzte Axiom ist die sogenannte *Dreiecksungleichung*: der „direkte Weg" zwischen zwei Elementen x und z soll die kürzeste Verbindung sein, irgendein Element y dazwischen vergrößert die Entfernung. Wenn diese Axiome erfüllt sind, dann ist (S,d) ein **metrischer Raum**. Um $\mathbb{B}^n$ als metrischen Raum zu definieren, führen wir die *Norm* $\parallel \mathbf{x} \parallel$ eines Vektors $\mathbf{x} = (x_1, \ldots, x_n)$ als Anzahl der Werte 1 in diesem Vektor ein.

Wir verwenden die Elemente von $\mathbb{B}$ wiederum als Zahlen. Durch Addition der Komponenten bestimmen wir die Anzahl der Komponenten mit dem Wert 1. Es ist sofort klar, dass für beliebiges $\mathbf{x} \in \mathbb{B}^n$

$$0 \leq \parallel \mathbf{x} \parallel \leq n \qquad (1.4)$$

gilt. Es gibt

$$\binom{n}{k} = \frac{n!}{k! \cdot (n-k)!} \qquad (1.5)$$

1.2 Metrische Eigenschaften von $\mathbb{B}^n$

Möglichkeiten, k Komponenten mit dem Wert 1 und damit $n - k$ Komponenten mit dem Wert 0 auszuwählen, wobei $n! = 1 \cdot 2 \cdot \ldots \cdot (n-1) \cdot n$ ist. Da jeder Vektor eine Norm zwischen 0 und n haben muss, gilt die folgende Identität:

$$\binom{n}{0} + \binom{n}{1} + \ldots + \binom{n}{n} = 2^n . \tag{1.6}$$

Die Zahl der Vektoren mit einer „kleinen" Norm (in der Nähe von 0) oder einer „großen" Norm (in der Nähe von n) ist klein, die meisten Vektoren befinden sich in der Mitte (in der Nähe von $\frac{n}{2}$).

		(0011)		
	(0001)	(0101)	(0111)	
	(0010)	(1001)	(1011)	
(0000) $\Rightarrow$	(0100) $\Rightarrow$	(0110) $\Rightarrow$	(1101) $\Rightarrow$	(1111)
	(1000)	(1010)	(1110)	
		(1100)		
$\binom{4}{0} = 1$	$\binom{4}{1} = 4$	$\binom{4}{2} = 6$	$\binom{4}{3} = 4$	$\binom{4}{4} = 1$

Abbildung 1.1 Anordnung der Vektoren entsprechend ihrer Norm für $n = 4$

Diese Norm erlaubt es jetzt, eine Metrik, die sogenannte *HAMMING-Metrik*, einzuführen. Das dabei verwendete Symbol $\oplus$ bezeichnet die Operation *Antivalenz* und wird im Abschnitt 1.3 erklärt. Die Antivalenz kann, wie auch andere Operationen, komponentenweise ausgeführt werden:

$$\mathbf{x} \oplus \mathbf{y} = (x_1 \oplus y_1, \ldots, x_n \oplus y_n) .$$

Satz 1.2. *Die Funktion $h(\mathbf{x}, \mathbf{y}) = \| \mathbf{x} \oplus \mathbf{y} \|$ ist eine Metrik in $\mathbb{B}^n$.*

Beweis. Diese Funktion zählt die Anzahl der Komponenten, in denen sich $\mathbf{x}$ von $\mathbf{y}$ unterscheidet. Die ersten beiden Eigenschaften sind sofort erfüllt, wenn man die entsprechenden Eigenschaften der Antivalenz verwendet. Der interessanteste und schwierigste Fall ist die Dreiecks-Ungleichung. Um ihre Gültigkeit nachzuweisen, verwenden wir die *vollständige Durchmusterung*. Wir berechnen für jede Belegung von (x_i, y_i, z_i) die Werte aller Teilausdrücke und erkennen die Gültigkeit der Dreiecks-Ungleichung unmittelbar (siehe Tabelle 1.5). □

Tabelle 1.5 Die Dreiecksungleichung für eine Komponente

x_i	y_i	z_i	$x_i \oplus y_i$	$y_i \oplus z_i$	$x_i \oplus z_i$	$(x_i \oplus y_i) + (y_i \oplus z_i)$
0	0	0	0	0	0	0
0	0	1	0	1	1	1
0	1	0	1	1	0	2
0	1	1	1	0	1	1
1	0	0	1	0	1	1
1	0	1	1	1	0	2
1	1	0	0	1	1	1
1	1	1	0	0	0	0

Die Existenz einer Metrik bietet zahlreiche Möglichkeiten, geometrische Konzepte und Eigenschaften zu formulieren:

1. Es gilt immer $0 \leq d(\mathbf{x}, \mathbf{y}) \leq n$.

2. $\mathbf{x}$ ist ein Nachbar von $\mathbf{y}$ und umgekehrt, falls $d(\mathbf{x}, \mathbf{y}) = 1$ gilt.

3. Der Punkt $\mathbf{x}$ liegt dem Punkt $\mathbf{y}$ gegenüber und umgekehrt, falls $d(\mathbf{x}, \mathbf{y}) = n$ gilt. Dann ist $\overline{\mathbf{x}} = \mathbf{y}, \overline{\mathbf{y}} = \mathbf{x}$.

Für einen metrischen Raum mit der Metrik d ist die Menge

$$K_r = \{\mathbf{x} | d(\mathbf{x}, \mathbf{x_0}) < r\}$$

eine *offene Kugel*,

$$L_r = \{\mathbf{x} | d(\mathbf{x}, \mathbf{x_0}) \leq r\}$$

1.2 Metrische Eigenschaften von $\mathbb{B}^n$

(0000)	(0001)	(0011)	(0111)	(1111)
	(0010)	(0101)	(1011)	
	(0100)	(1001)	(1101)	
	(1000)	(0110)	(1110)	
		(1010)		
		(1100)		
$h(\mathbf{0},\mathbf{x})=0$	$h(\mathbf{0},\mathbf{x})=1$	$h(\mathbf{0},\mathbf{x})=2$	$h(\mathbf{0},\mathbf{x})=3$	$h(\mathbf{0},\mathbf{x})=4$

Abbildung 1.2 Anordnung der Vektoren entsprechend der Metrik $h(\mathbf{x},\mathbf{y})$

eine *abgeschlossene Kugel* mit dem Radius r und dem Mittelpunkt $\mathbf{x}_0$.

Wir benutzen B^3 und finden für die HAMMING-Metrik h und den Mittelpunkt $\mathbf{0} = (000)$:

$$
\begin{aligned}
K_0 &= \emptyset, \\
K_1 &= \{(000)\} &&= L_0, \\
K_2 &= \{(001),(010),(100)\} \cup K_1 &&= L_1, \\
K_3 &= \{(011),(101),(110)\} \cup K_2 &&= L_2, \\
K_4 &= \{(111)\} \cup K_3 &&= L_3.
\end{aligned}
$$

Für jedes n gilt:

$$
\begin{aligned}
K_0 &= \emptyset, \\
K_1 &= L_0, \\
K_{i+1} &= L_i, \quad i = 0, \ldots, n-1, \\
K_{i+1} &= K_i \cup \{\mathbf{x} | h(\mathbf{x},\mathbf{x}_0) = i\}.
\end{aligned}
$$

Die Menge $S_i = \{\mathbf{x}|h(\mathbf{x},\mathbf{x}_0) = i\}$ ist eine *Schale* der Kugel und enthält $\binom{n}{i}$ Vektoren, die Anzahl der Komponenten, die sich von den Komponenten von $\mathbf{x}_0$ unterscheiden. Die meisten Elemente von $\mathbb{B}^n$ gehören zu den Schalen in der Mitte ($i \approx \frac{n}{2}$). Die erste Schale hat nur den Mittelpunkt $\mathbf{x}_0$ als Element, S_n enthält nur $\overline{\mathbf{x}}_0$.

1.3 Binäre Funktionen

Nachdem die Vektoren von $\mathbb{B}^n$ zur Verfügung stehen, können sie benutzt werden, um *binäre (logische, Boolesche) Funktionen* zu definieren.

Definition 1.3. *Jede eindeutige Abbildung von $\mathbb{B}^n$ in $\mathbb{B}$ ist eine n-stellige binäre Funktion.*

Man kann auch sagen, dass die Funktion von n Argumenten oder von n Variablen abhängt. Da die Anzahl der Elemente von $\mathbb{B}^n$ gleich 2^n ist und jedem Vektor die Elemente 0 oder 1 zugeordnet werden können, ergibt sich sofort, dass es 2^{2^n} verschiedene n-stellige Funktionen gibt.

Wir beginnen mit $n = 1$ und stellen die vier Funktionen in der folgenden Tabelle 1.6 dar.

Tabelle 1.6 Binäre Funktionen einer Variablen

x	f_0	f_1	f_2	f_3
0	0	0	1	1
1	0	1	0	1

Wenn man die Funktionswerte von oben nach unten wieder als Binärvektor ansieht, dann ergibt das Dezimaläquivalent gerade den Index der Funktion. Für die unabhängige Variable von $\mathbb{B}$ verwenden wir die Bezeichnung x, die Funktionswerte werden dann entsprechend durch $f(x)$ bezeichnet. Das ergibt dann der Reihe nach:

$$f_0(x) = 0(x), \quad f_1(x) = x, \quad f_2(x) = \overline{x} \quad \text{und} \quad f_3(x) = 1(x) \ .$$

Die Funktionen $0(x)$ und $1(x)$ sind konstant $= 0$ bzw. $= 1$, hier gibt die Variable x nur an, dass es sich um einstellige Funktionen handelt.

1.3 Binäre Funktionen

Die Funktion $f_2(x)$ wandelt die beiden Elemente ineinander um; sie wird **Negation** genannt und entspringt der logischen Denkweise; ein wahrer Sachverhalt wird durch Verneinung zu einem falschen und umgekehrt:

$$\overline{0} = 1 \qquad \overline{1} = 0. \tag{1.7}$$

Für eine Variable x bezeichnen wir die Negation durch $\overline{x}$. Gelegentlich werden wir Variable und negierte Variable gemeinsam als *Literale* bezeichnen.

Als nächstes definieren wir die Funktionen, die von zwei Argumenten abhängen, also Abbildungen von $\mathbb{B}^2$ in $\mathbb{B}$.

Tabelle 1.7 Binäre Funktionen von zwei Variablen

x_1	x_2	f_0	f_1	f_2	f_3	f_4	f_5	f_6	f_7	f_8	f_9	f_{10}	f_{11}	f_{12}	f_{13}	f_{14}	f_{15}
0	0	0	0	0	0	0	0	0	0	1	1	1	1	1	1	1	1
0	1	0	0	0	0	1	1	1	1	0	0	0	0	1	1	1	1
1	0	0	0	1	1	0	0	1	1	0	0	1	1	0	0	1	1
1	1	0	1	0	1	0	1	0	1	0	1	0	1	0	1	0	1

Es ist schon hier ersichtlich, dass solche Tabellendarstellungen für größere n kaum machbar und überhaupt nicht handlich sind. Wir wollen aber erst einmal einige wichtige Funktionen genauer betrachten. Mit $0(x_1, x_2)$ bzw. $1(x_1, x_2)$ sollen wieder die konstanten Funktionen bezeichnet werden, zwei Argumente zeigen an, dass jetzt zweistellige Funktionen betrachtet werden.

Die Funktion $f_1(x_1, x_2)$ heißt **Konjunktion** und wird durch

$$f_1(x_1, x_2) = x_1 \wedge x_2 \tag{1.8}$$

dargestellt. Es ist charakteristisch, dass sie den Wert 1 nur dann annimmt, falls **beide** Argumente gleich 1 sind ($x_1 = x_2 = 1$). Hier liegt wieder die logische Denkweise zugrunde: eine Gesamtaussage „A und B", die zwei Teilaussagen A und B durch „*und*" verknüpft, ist genau dann wahr, wenn die beiden Teilaussagen A und B schon für sich genommen wahr sind. Die Schreibweise $f_1(x_1, x_2) = x_1 \wedge x_2$ deutet schon an, dass sehr häufig ein **operationaler** Standpunkt eingenommen wird: wir betrachten die Konjunktion $\wedge$ als eine Operation, die zwei binäre Werte miteinander verknüpft und ein – wohldefiniertes – Ergebnis erzeugt. Die gleiche Denkweise kann auch auf die Negation angewendet werden: man nimmt einen Wert und erzeugt daraus den anderen. Auf die nachstehend noch zu definierenden Funktionen trifft das ebenso zu.

Die Funktion $f_7(x_1, x_2)$ heißt **Disjunktion**. Man stellt sie durch

$$f_7(x_1, x_2) = x_1 \vee x_2 \tag{1.9}$$

dar. Hier soll betont werden, dass $f_7(x_1, x_2) = x_1 \vee x_2$ den Wert 1 annimmt, wenn wenigstens eine der beiden Teilaussagen wahr ist, sie können sich in einem gewissen Sinn überdecken. In logischen Zusammenhängen wird diese Eigenschaft manchmal dadurch betont, dass man diese Funktion als **Alternative** bezeichnet. Hier ist aber die Falschheit der Gesamtaussage auch eine Restriktion für beide Werte: $f_7(x_1, x_2) = x_1 \vee x_2$ nimmt den Wert 0 dann an, wenn beide Teilaussagen den Wert 0 annehmen.

Zwei weitere Funktionen (Operationen) sind sehr gut geeignet, die *Gleichheit* bzw. *Ungleichheit* der Argumente anzuzeigen. Die erste Eigenschaft wird durch die **Äquivalenz** - $f_9(x_1, x_2)$ - beschrieben und durch

$$f_9(x_1, x_2) = x_1 \sim x_2 \tag{1.10}$$

bezeichnet, sprachlich ausgedrückt durch „genau dann ... wenn...". Sie spielt in der Mathematik eine überragende Rolle, wo viele Sätze und Beweise darauf hinauslaufen, dass man die **Gleichwertigkeit** zweier Aussagen nachweist. Die zweite Funktion

$$f_6(x_1, x_2) = x_1 \oplus x_2 \tag{1.11}$$

1.3 Binäre Funktionen

ist die **Antivalenz**, die in logischen Anwendungen dem Sprachgebrauch des ausschließenden Oder, d. h. dem „entweder ... oder ...", entspricht.

Es ist bemerkenswert, dass die Spalte der Äquivalenz durch Negation in die Spalte der Antivalenz transformiert werden kann (und umgekehrt):

$$\overline{x_1 \sim x_2} = x_1 \oplus x_2 \,, \qquad \overline{x_1 \oplus x_2} = x_1 \sim x_2 \,. \tag{1.12}$$

Hier wird wiederum die operationale Denkweise angewendet; man verknüpft zwei binäre Werte durch $\sim$ (bzw. durch $\oplus$) und negiert dann den erhaltenen Wert. Anstelle des Operationszeichens $\sim$ wird mitunter auch $\odot$ für die Äquivalenzoperation verwendet.

Eine doppelte Verneinung führt immer wieder zum ursprünglichen Element zurück:

$$\overline{\overline{0}} = 0 \quad \text{und} \quad \overline{\overline{1}} = 1 \,. \tag{1.13}$$

Eine letzte Funktion, die man hauptsächlich beim logischen Schließen und bei der Programmierung braucht, ist die **Implikation**:

$$f_{13}(x_1, x_2) = x_1 \to x_2. \tag{1.14}$$

Die Variable x_1 bezeichnet man oft als *Prämisse* oder *Voraussetzung*, die Variable x_2 ist die *Schlussfolgerung* oder *Konklusion*. In logischen Zusammenhängen muss man sich damit beschäftigen, die Wahrheit von x_1 nachzuweisen. Falls das gelingt und man hat eine wahre Implikation (Zeile 4 von $f_{13}(x_1, x_2)$), muss die Konklusion „automatisch" wahr sein.

In der Programmierung verwendet man die Konstruktionen

```
if Bedingung then Anweisung_1
```

oder

```
if Bedingung then Anweisung_1 else Anweisung_2 .
```

An einer bestimmten Stelle in einem Programm wird die Bedingung geprüft. Ist sie an dieser Stelle *wahr*, dann wird im ersten Fall die Anweisung 1 ausgeführt, ansonsten wird sie übergangen. Im zweiten Fall wird bei einer wahren Bedingung die Anweisung 1 ausgeführt; ist die Bedingung falsch, dann führt man die Anweisung 2 aus.

Die Verwendung als **Regel** führt in der Künstlichen Intelligenz zu **regelbasierten Systemen**. Eine *gültige* Regel (d.h. eine Implikation mit dem Wert 1 auf der rechten Seite) und eine Voraussetzung mit dem Wert 1 führen zur letzten Zeile der Implikation:

```
        Bedingung = 1    und    Schlussfolgerung = 1 .
```

Damit steht mit dem Wert für die Schlussfolgerung ein neuer Wahrheitswert zur Verfügung, der seinerseits an Bedeutung gewinnen kann. In den letzten Jahren hat sich dieser Bereich der *Regelbasierten Systeme* zu einer eigenständigen Disziplin entwickelt, und es gibt SAT-Solver (Software zur Behandlung solcher regelbasierten Systeme) für viele hundert Variable und Regeln.

Diese bisher definierten Funktionen muss man natürlich sicher handhaben können. Für $n = 3$ erhält man nun schon $2^8 = 256$ Funktionen von 3 Variablen. Das macht es deutlich, dass wir uns nach weiteren Werkzeugen umsehen müssen.

Bis hierher haben wir schon ansatzweise Formeln verwendet, in mehr oder weniger intuitiver Art und Weise. Die Funktion war durch die Funktionstabelle gegeben, und die Symbole wie zum Beispiel $\wedge$, $\vee$ usw. wurden als Name für die zu verwendende Funktion verwendet und definierten die Tabelle oder Tabellenspalte, die zur Bestimmung der Funktionswerte verwendet werden muss.

So wie in anderen Gebieten der Mathematik wollen wir deshalb mit Formeln arbeiten, die wiederum induktiv definiert werden können.

1.3 Binäre Funktionen

Definition 1.4. *Ein Formel (Ausdruck) wird wie folgt induktiv erklärt:*

1. *Die Konstanten 0 und 1 sowie die einzelnen Variablen $x_1, \ldots, x_n$ sind Formeln.*

2. *Wenn F eine Formel ist, dann ist auch $\overline{F}$ eine Formel.*

3. *Wenn F_1 und F_2 Formeln sind, dann sind auch*

   $$(F_1 \wedge F_2), \quad (F_1 \vee F_2), \quad (F_1 \oplus F_2), \quad (F_1 \sim F_2), \quad (F_1 \rightarrow F_2),$$

   Formeln.

4. *Jede Formel entsteht durch endlich-oftes Anwenden der zweiten und der dritten Regel.*

Beispiel 1.1. *Wir konstruieren eine Formel in folgenden Schritten:*

- *Wir starten mit x_1, x_2, x_3 und x_4.*

- *Hiermit bilden wir $F_1 = (x_1 \vee x_2)$ sowie $F_2 = (x_3 \oplus x_4)$.*

- *Danach verwenden wir $F_3 = \overline{F_2}$.*

- *Schließlich ergibt sich der abschließende Ausdruck (die Formel)*

  $$F(x_1, x_2, x_3, x_4) = (F_1 \wedge F_3) = (x_1 \vee x_2) \wedge \overline{(x_3 \oplus x_4)} \, .$$

Um hieraus einen Eindruck von den dargestellten Funktionswerten zu gewinnen, bleibt nichts weiter übrig, als auf die Werte für die Variablen selbst zurückzugehen, wobei aber einige unterstützende Überlegungen zu Hilfe kommen können. Prinzipiell ist es aber so, dass die Funktion von den vier Variablen x_1, x_2, x_3, x_4 abhängt und wir für die 16 Kombinationen ihrer Werte die entsprechenden Funktionswerte bestimmen müssen, entsprechend ihrer Definition. Das führt zur binären Funktion in der Tabelle 1.8.

Tabelle 1.8 Die Berechnung der Funktionswerte von $f = (x_1 \vee x_2) \wedge \overline{(x_3 \oplus x_4)}$

x_1	x_2	x_3	x_4	$x_1 \vee x_2$	$\overline{x_3 \oplus x_4}$	$f(x_1, x_2, x_3, x_4)$
0	0	0	0	0	1	0
0	0	0	1	0	0	0
0	0	1	0	0	0	0
0	0	1	1	0	1	0
0	1	0	0	1	1	1
0	1	0	1	1	0	0
0	1	1	0	1	0	0
0	1	1	1	1	1	1
1	0	0	0	1	1	1
1	0	0	1	1	0	0
1	0	1	0	1	0	0
1	0	1	1	1	1	1
1	1	0	0	1	1	1
1	1	0	1	1	0	0
1	1	1	0	1	0	0
1	1	1	1	1	1	1

Man sieht sofort, dass wir hier wieder bei umfangreichen Tabellen angelangt sind, mit denen wir uns dann weiter beschäftigen müssen. Bevor wir das aber tun, wollen wir eine größere Anzahl von hilfreichen Rechenregeln bereitstellen.

1.4 Rechenregeln und Algebraische Strukturen

Zuerst wollen wir vereinbaren, dass man $\wedge$ meistens weglässt, wie das Multiplikationszeichen in der Arithmetik. Danach muss man eine Feinheit beachten; wir schreiben die Rechenregeln und Gleichungen alle mit einzelnen Variablen auf, sie gelten aber auch, wenn die Variablen durch korrekt gebildete Formeln ersetzt werden.

Beispiel 1.2. $x_1 \vee x_2 = x_2 \vee x_1$ *gilt auch, wenn die Variablen durch größere Formeln ersetzt werden:* $F_1 \vee F_2 = F_2 \vee F_1$.

Analoges gilt dann auch für alle anderen Formeln. Die Beweise dieser Zusammenhänge sind nicht schwierig. Sie können mit der Methode der vollständigen Durchmusterung durch Aufzählung und Überprüfung aller Möglichkeiten erfolgen.

1. **Kommutativität:**
$$x_1 \vee x_2 = x_2 \vee x_1 \qquad x_1 \wedge x_2 = x_2 \wedge x_1 \tag{1.15}$$

2. **Distributivität:**
$$x_1 \vee (x_2 \wedge x_3) = (x_1 \vee x_2) \wedge (x_1 \vee x_3) \tag{1.16}$$
$$x_1 \wedge (x_2 \vee x_3) = (x_1 \wedge x_2) \vee (x_1 \wedge x_3) \tag{1.17}$$

3. **Neutrale Elemente:**
$$0 \vee x = x \qquad 1 \wedge x = x \tag{1.18}$$

4. **Komplement:**
$$x \vee \overline{x} = 1 \qquad x \wedge \overline{x} = 0 \tag{1.19}$$

5. **Assoziativität:**
$$x_1 \vee (x_2 \vee x_3) = (x_1 \vee x_2) \vee x_3 = x_1 \vee x_2 \vee x_3 \tag{1.20}$$
$$x_1 \wedge (x_2 \wedge x_3) = (x_1 \wedge x_2) \wedge x_3 = x_1 \wedge x_2 \wedge x_3 \tag{1.21}$$

Tabelle 1.9 Das erste Distributivgesetz

x_1	x_2	x_3	$x_2 x_3$	$x_1 \vee x_2 x_3$	$(x_1 \vee x_2)$	$(x_1 \vee x_3)$	$(x_1 \vee x_2)(x_1 \vee x_3)$
0	0	0	0	**0**	0	0	**0**
0	0	1	0	**0**	0	1	**0**
0	1	0	0	**0**	1	0	**0**
0	1	1	1	**1**	1	1	**1**
1	0	0	0	**1**	1	1	**1**
1	0	1	0	**1**	1	1	**1**
1	1	0	0	**1**	1	1	**1**
1	1	1	1	**1**	1	1	**1**

Wir wollen das Beweisprinzip der *vollständigen Durchmusterung* noch einmal an dem ersten Distributivgesetz demonstrieren. Man schreibt die acht möglichen Kombinationen für x_1, x_2 und x_3 auf und berechnet die mittlere und die rechte Spalte wie es in Tabelle 1.9 zu sehen ist. Die Gleichheit der hervorgehobenen Spalten beweist die Gültigkeit des Gesetzes (1.16). Diese Vorgehensweise mag etwas simpel erscheinen, sie ist aber (wenigstens im Prinzip) immer möglich, da man stets „nur" endlich viele Möglichkeiten betrachten muss.

Im algebraischen Sinne bezeichnet man $(\mathbb{B}, \wedge, \vee, \overline{x}, 0, 1)$ als *Boolesche Algebra*. Die fünf Gesetze (1.15), ..., (1.21) gelten auch, wenn sowohl die Operationen $\wedge$ und $\vee$ als auch die Konstanten 0 und 1 vertauscht werden. Damit erhalten wir die duale Boolesche Algebra $(\mathbb{B}, \vee, \wedge, \overline{x}, 1, 0)$.

Als nächstes führen wir einige Gesetze an, die die Antivalenz und die Konjunktion betreffen. Diese Regeln stehen algebraisch den Eigenschaften von *Ringen* im Sinne von Addition und Multiplikation nahe, und das Gleiche können wir mit der Äquivalenz und der Disjunktion tun. Wir gehen wieder zurück auf die Definition der Antivalenz und der Konjunktion und führen die folgenden Eigenschaften an.

1.4 Rechenregeln und Algebraische Strukturen

1. **Kommutativität:**
$$x_1 \oplus x_2 = x_2 \oplus x_1 \qquad x_1 \wedge x_2 = x_2 \wedge x_1 \qquad (1.22)$$

2. **Assoziativität:**
$$(x_1 \oplus x_2) \oplus x_3 = x_1 \oplus (x_2 \oplus x_3) \qquad (1.23)$$
$$(x_1 \wedge x_2) \wedge x_3 = x_1 \wedge (x_2 \wedge x_3) \qquad (1.24)$$

3. **Neutrale Elemente:**
$$x \oplus 0 = x \quad \text{(Nullelement)} \qquad (1.25)$$
$$1 \wedge x = x \quad \text{(Einselement)} \qquad (1.26)$$

4. **Inverses Element:**
$$x \oplus x = 0 \qquad (1.27)$$

5. **Distributivitätsgesetz:**
$$x_1(x_2 \oplus x_3) = x_1 x_2 \oplus x_1 x_3 \qquad (1.28)$$

Durch diese Eigenschaften wird ein *kommutativer Ring* $(\mathbb{B}, \wedge, \oplus, 0)$ charakterisiert. In der Algebra setzt man die Addition immer als kommutativ voraus, für die Multiplikation ist dies aber eine spezielle Eigenschaft, die man durch die Bezeichnung *kommutativer Ring* betont.

Nun stellen wir die Ringeigenschaften noch einmal zusammen, mit der Äquivalenz als Addition und der Disjunktion als Multiplikation.

1. **Kommutativität:**
$$x_1 \odot x_2 = x_2 \odot x_1 \qquad x_1 \vee x_2 = x_2 \vee x_1 \qquad (1.29)$$

2. **Assoziativität:**
$$(x_1 \odot x_2) \odot x_3 = x_1 \odot (x_2 \odot x_3) \qquad (1.30)$$
$$(x_1 \vee x_2) \vee x_3 = x_1 \vee (x_2 \vee x_3) \qquad (1.31)$$

3. **Neutrale Elemente:**
$$x \odot 1 = x \quad \text{(Nullelement)} \qquad (1.32)$$
$$0 \vee x = x \quad \text{(Einselement)} \qquad (1.33)$$

4. **Inverses Element:**
$$x \odot x = 1 \tag{1.34}$$

5. **Distributivitätsgesetz:**
$$x_1 \vee (x_2 \odot x_3) = (x_1 \vee x_2) \odot (x_1 \vee x_3) \tag{1.35}$$

Wir können also festhalten, dass $(B, \wedge, \oplus, 0)$ und $(B, \vee, \odot, 1)$ zueinander duale *kommutative Ringe* sind. Ansonsten ist natürlich die sichere Handhabung der angegebenen Regeln von Bedeutung.

Sehr wichtig sind die folgenden Beziehungen.

- **De Morgan's Gesetze:**

$$\overline{x_1 \wedge x_2} = \overline{x}_1 \vee \overline{x}_2 \tag{1.36}$$
$$\overline{x_1 \vee x_2} = \overline{x}_1 \wedge \overline{x}_2 \tag{1.37}$$
$$\overline{x_1 \vee \ldots \vee x_n} = \overline{x}_1 \wedge \ldots \wedge \overline{x}_n \tag{1.38}$$
$$\overline{x_1 \wedge \ldots \wedge x_n} = \overline{x}_1 \vee \ldots \vee \overline{x}_n \tag{1.39}$$

Die Negation von Konjunktionen bzw. Disjunktionen kann man also bis auf die Negation von einzelnen Variablen reduzieren.

- **Idempotenz:**
$$x \vee x = x \qquad x \wedge x = x \tag{1.40}$$

- Wenn man von $(\mathbb{B}, \wedge, \oplus, 0)$ ausgeht, dann kann man die Antivalenz eliminieren und die Negation einführen, wenn man die folgenden Regeln anwendet:

$$x \oplus 1 = \overline{x} \ , \tag{1.41}$$
$$x_1 \oplus x_2 = (x_1 \wedge \overline{x}_2) \vee (\overline{x}_1 \wedge x_2) \ . \tag{1.42}$$

1.4 Rechenregeln und Algebraische Strukturen

- Analog hierzu kann man die Äquivalenz eliminieren und die Negation einführen, wenn man die folgenden Identitäten anwendet:

$$x \odot 0 = \overline{x} \, , \tag{1.43}$$

$$x \odot y = (x \wedge y) \vee (\overline{x} \wedge \overline{y}) \, . \tag{1.44}$$

Andererseits kann man $\vee$ und $\overline{x}$ bzw. $\wedge$ und $\overline{x}$ eliminieren, wenn man die folgenden Identitäten anwendet:

- Einführung der Antivalenz und Elimination der Negation:

$$x_1 \vee x_2 = x_1 \oplus x_2 \oplus (x_1 \wedge x_2) \, , \tag{1.45}$$

$$\overline{x} = 1 \oplus x \, . \tag{1.46}$$

- Einführung der Äquivalenz und Elimination der Negation:

$$x_1 \wedge x_2 = x_1 \odot x_2 \odot (x_1 \vee x_2) \, , \tag{1.47}$$

$$\overline{x} = 0 \odot x \, . \tag{1.48}$$

- **Absorption:**

$$x_1 \vee (x_1 \wedge x_2) = x_1 \tag{1.49}$$

$$x_1 \wedge (x_1 \vee x_2) = x_1 \tag{1.50}$$

$$x_1 \vee (\overline{x}_1 \wedge x_2) = x_1 \vee x_2 \tag{1.51}$$

$$x_1 \wedge (\overline{x}_1 \vee x_2) = x_1 \wedge x_2 \tag{1.52}$$

Man darf aber in keinem Fall vergessen, dass es bei der Verwendung von Formeln immer notwendig ist, die Variablen für die durch die Formel bestimmte Funktion festzulegen. Im Allgemeinen sind es natürlich die in der Formel auftretenden Variablen – es können aber auch **mehr** sein. Betrachten wir dazu noch einmal die Antivalenz $x_1 \oplus x_2$, jetzt aber als Funktion in $\mathbb{B}^3$ (siehe Tabelle 1.10).

Tabelle 1.10 Die Antivalenz $f(x_1, x_2, x_3) = x_1 \oplus x_2$

x_1	x_2	x_3	$f(x_1, x_2, x_3)$
0	0	0	0
0	0	1	0
0	1	0	1
0	1	1	1
1	0	0	1
1	0	1	1
1	1	0	0
1	1	1	0

Jeder Funktionswert von $x_1 \oplus x_2$ erscheint jetzt zweimal, einmal für $x_3 = 0$ und einmal für $x_3 = 1$. Es ist ganz selbstverständlich, dass der Vektor der Funktionswerte (00111100) ein korrekt möglicher Vektor von $\mathbb{B}^8$ ist. Man muss also immer in Betracht ziehen, dass eine Funktion, die durch eine Tabelle dargestellt ist, mit Formeln beschrieben werden kann, die nicht alle Variablen enthalten.

Ein und dieselbe Funktion kann auch durch mehrere unterschiedliche Formeln beschrieben werden. Es wird später ein Problem sein, Formeldarstellungen zu finden, die in einer gewissen Weise „optimal" sind (kleinste Anzahl von Variablen, ohne Negationen, kleinste Anzahl von Operationszeichen u.a.).

Wir kommen noch einmal zurück auf die beiden Kodierungen mit Hilfe des Binärkodes bzw. des GRAY-Kodes und wollen den Übergang zwischen diesen beiden Darstellungsmöglichkeiten mit Hilfe der Antivalenz beschreiben. Es sei $(b_1, b_2, \ldots, b_n)$ ein Vektor im Binärkode. Dann erhalten wir einen Vektor $(g_1, g_2, \ldots, g_n)$ im GRAY-Kode auf die folgende Weise:

$$g_1 = b_1, \quad g_i = b_{i-1} \oplus b_i, \quad i = 2, \ldots, n.$$

1.4 Rechenregeln und Algebraische Strukturen

Das erste Bit (von links) ist in beiden Darstellungen gleich. Die zweite und jede weitere Komponente des GRAY-Kodes erhält man als Antivalenz des vorhergehenden (Index $i-1$) und des aktuellen Bits (Index i) des Binärkodes. Das tut man so lange, bis man beim letzten Bit angelangt ist.

Beispiel 1.3. *Der Vektor* $\mathbf{b} = (100110)$ *im Binärkode ergibt den zugehörigen Vektor* $\mathbf{g} = (1, 1 \oplus 0, 0 \oplus 0, 0 \oplus 1, 1 \oplus 1, 1 \oplus 0) = (110101)$ *im GRAY-Kode.*

Bis hierher haben wir den folgenden Stand erreicht:

- eine binäre Funktion ist durch eine Tabelle gegeben;

- für eine Formel können wir die durch sie dargestellte Funktion finden.

In der Praxis tritt sehr häufig der Fall auf, dass nicht für alle Binärvektoren von $\mathbb{B}^n$ Funktionswerte gegeben sind. Dann muss man in den Tabellen ein drittes Symbol verwenden. Der Funktionswert kann dann gleich 0, gleich 1 und gleich Φ (unbestimmt) sein. Diese Vektoren mit dem Wert Φ kann man später in unterschiedlicher Weise verwenden, vor allem zur Optimierung der entsprechenden Funktionen.

1.5 Normalformen

Es fehlt noch die Möglichkeit, zu einer durch eine Tabelle gegebenen Funktion eine sie darstellende Formel zu finden. Dazu gehen wir noch einmal zu Tabelle 1.8 zurück, verwenden jetzt aber nur die Zeilen mit dem Funktionswert 1.

Tabelle 1.11 Die disjunktive Normalform für $f = (x_1 \lor x_2) \land \overline{(x_3 \oplus x_4)}$

x_1	x_2	x_3	x_4	$f(x_1, x_2, x_3, x_4)$	Konjunktion
0	1	0	0	1	$\overline{x}_1 x_2 \overline{x}_3 \overline{x}_4$
0	1	1	1	1	$\overline{x}_1 x_2 x_3 x_4$
1	0	0	0	1	$x_1 \overline{x}_2 \overline{x}_3 \overline{x}_4$
1	0	1	1	1	$x_1 \overline{x}_2 x_3 x_4$
1	1	0	0	1	$x_1 x_2 \overline{x}_3 \overline{x}_4$
1	1	1	1	1	$x_1 x_2 x_3 x_4$

Jedem Wert 0 im Binärvektor wird eine negierte Variable, jedem Wert 1 die Variable selbst zugeordnet. Damit nehmen die Konjunktionen den Wert 1 für den Binärvektor an, der ihnen zugeordnet ist. Für alle anderen Binärvektoren sind sie gleich 0. Wenn wir diese Konjunktionen durch $\lor$ miteinander verbinden, erhalten wir die **disjunktive Normalform** der gegebenen Funktionen. Das ist eine Formel, die bis auf die Reihenfolge der Konjunktionen eindeutig bestimmt ist:

$$f(x_1, x_2, x_3, x_4) = \overline{x}_1 x_2 \overline{x}_3 \overline{x}_4 \lor \overline{x}_1 x_2 x_3 x_4 \lor x_1 \overline{x}_2 \overline{x}_3 \overline{x}_4 \lor$$
$$x_1 \overline{x}_2 x_3 x_4 \lor x_1 x_2 \overline{x}_3 \overline{x}_4 \lor x_1 x_2 x_3 x_4 \ .$$

Eine zweite Darstellung ist mit Hilfe der **konjunktiven Normalform** möglich. Hierzu wählen wir die Binärvektoren aus, die dem Funktionswert 0 zugeordnet sind (siehe Tabelle 1.12).

1.5 Normalformen

Tabelle 1.12 Die konjunktive Normalform für $f = (x_1 \vee x_2) \wedge \overline{(x_3 \oplus x_4)}$

x_1	x_2	x_3	x_4	$f(x_1,x_2,x_3,x_4)$	Disjunktion
0	0	0	0	0	$(x_1 \vee x_2 \vee x_3 \vee x_4)$
0	0	0	1	0	$(x_1 \vee x_2 \vee x_3 \vee \overline{x}_4)$
0	0	1	0	0	$(x_1 \vee x_2 \vee \overline{x}_3 \vee x_4)$
0	0	1	1	0	$(x_1 \vee x_2 \vee \overline{x}_3 \vee \overline{x}_4)$
0	1	0	1	0	$(x_1 \vee \overline{x}_2 \vee x_3 \vee \overline{x}_4)$
0	1	1	0	0	$(x_1 \vee \overline{x}_2 \vee \overline{x}_3 \vee x_4)$
1	0	0	1	0	$(\overline{x}_1 \vee x_2 \vee x_3 \vee \overline{x}_4)$
1	0	1	0	0	$(\overline{x}_1 \vee x_2 \vee \overline{x}_3 \vee x_4)$
1	1	0	1	0	$(\overline{x}_1 \vee \overline{x}_2 \vee x_3 \vee \overline{x}_4)$
1	1	1	0	0	$(\overline{x}_1 \vee \overline{x}_2 \vee \overline{x}_3 \vee x_4)$

Hier verwendet man für jede 0 die Variable selbst und für jeden Wert 1 die negierte Variable. Damit nimmt jede Disjunktion genau für den zugehörigen Binärvektor den Wert 0 an. Und da die Konjunktion mit 0 stets 0 ergibt, erzeugt die Konjunktion über alle derartigen Disjunktionen den Funktionswert 0. Auf diese Weise entsteht die **konjunktive Normalform**. Sie ist wiederum bis auf die Reihenfolge der Disjunktionen eindeutig bestimmt:

$$\begin{aligned}f(x_1,x_2,x_3,x_4) = &(x_1 \vee x_2 \vee x_3 \vee x_4)(x_1 \vee x_2 \vee x_3 \vee \overline{x}_4)\\ &(x_1 \vee x_2 \vee \overline{x}_3 \vee x_4)(x_1 \vee x_2 \vee \overline{x}_3 \vee \overline{x}_4)\\ &(x_1 \vee \overline{x}_2 \vee x_3 \vee \overline{x}_4)(x_1 \vee \overline{x}_2 \vee \overline{x}_3 \vee x_4)\\ &(\overline{x}_1 \vee x_2 \vee x_3 \vee \overline{x}_4)(\overline{x}_1 \vee x_2 \vee \overline{x}_3 \vee x_4)\\ &(\overline{x}_1 \vee \overline{x}_2 \vee x_3 \vee \overline{x}_4)(\overline{x}_1 \vee \overline{x}_2 \vee \overline{x}_3 \vee x_4)\,. \end{aligned} \quad (1.53)$$

Zur Gewinnung einer weiteren Normalform, der **Antivalenz-Normalform**, gehen wir noch einmal zur disjunktiven Normalform zurück. Wir betrachten zwei Konjunktionen C_1 und C_2. Da sie voneinander verschieden sind, treffen bei der Konjunktion dieser beiden Konjunktionen wenigstens für eine Variable x_i die Variable selbst und ihre Negation aufeinander:

$$C_1 = x_i C' \text{ sowie } C_2 = \overline{x}_i C'' \ .$$

Damit gilt $C_1 C_2 = 0$, und die Regel (1.46)

$$C_1 \vee C_2 = C_1 \oplus C_2 \oplus C_1 C_2$$

reduziert sich auf

$$C_1 \vee C_2 = C_1 \oplus C_2 \ .$$

Man kann also einfach die Disjunktion durch die Antivalenz ersetzen:

$$f(x_1, x_2, x_3, x_4) = \overline{x}_1 x_2 \overline{x}_3 \overline{x}_4 \oplus \overline{x}_1 x_2 x_3 x_4 \oplus x_1 \overline{x}_2 \overline{x}_3 \overline{x}_4 \oplus$$
$$x_1 \overline{x}_2 x_3 x_4 \oplus x_1 x_2 \overline{x}_3 \overline{x}_4 \vee x_1 x_2 x_3 x_4 \ .$$

Auch diese Antivalenz-Normalform ist bis auf die Reihenfolge der Konjunktionen eindeutig bestimmt. Schließlich kann man in dieser Normalform noch die Negation eliminieren, indem man die Regel (1.41) $\overline{x} = 1 \oplus x$ und das Distributivgesetz 1.28 verwendet. So gilt beispielsweise:

$$\overline{x}_1 x_2 x_3 x_4 = (1 \oplus x_1) x_2 x_3 x_4 = x_2 x_3 x_4 \oplus x_1 x_2 x_3 x_4 \ .$$

Mit den anderen Konjunktionen sind dann eventuell weitere Vereinfachungen oder Umwandlungen möglich. Treten beispielsweise infolge der Anwendungen des Distributivgesetzes zwei gleiche Konjunktionen auf, so gilt

$$C_1 \oplus C_1 = 0 \quad \text{und} \quad F \oplus 0 = F \ .$$

Man kann also im Endeffekt zwei entstehende gleiche Konjunktionen streichen.

1.5 Normalformen

In analoger Weise gewinnt man aus der konjunktiven Normalform die **Äquivalenz-Normalform**, indem man die Konjunktionen $\wedge$ durch die Äquivalenz $\odot$ ersetzt. Die obige Konjunktion von Disjunktionen kann wie folgt geändert werden:

$$\begin{aligned}f(x_1,x_2,x_3,x_4) = &(x_1 \vee x_2 \vee x_3 \vee x_4) \odot (x_1 \vee x_2 \vee x_3 \vee \overline{x}_4)\odot\\ &(x_1 \vee x_2 \vee \overline{x}_3 \vee x_4) \odot (x_1 \vee x_2 \vee \overline{x}_3 \vee \overline{x}_4)\odot\\ &(x_1 \vee \overline{x}_2 \vee x_3 \vee \overline{x}_4) \odot (x_1 \vee \overline{x}_2 \vee \overline{x}_3 \vee x_4)\odot\\ &(\overline{x}_1 \vee x_2 \vee x_3 \vee \overline{x}_4) \odot (\overline{x}_1 \vee x_2 \vee \overline{x}_3 \vee x_4)\odot\\ &(\overline{x}_1 \vee \overline{x}_2 \vee x_3 \vee \overline{x}_4) \odot (\overline{x}_1 \vee \overline{x}_2 \vee \overline{x}_3 \vee x_4)\ .\end{aligned}$$

Wir werden später sehen, dass es die (noch zu definierenden) Ternärvektoren relativ leicht machen, mit diesen Normalformen umzugehen.

Die entstandenen Normalformen [12] geben auch Anlass zur Einführung des Begriffes eines **vollständigen** Funktionensystems; darunter versteht man eine Menge von Funktionen, mit deren Hilfe man jede binäre Funktion ausdrücken kann:

- $(\overline{x}, \wedge, \vee)$ ist ein vollständiges Funktionensystem,

- $(\oplus, \wedge)$ ist ein vollständiges Funktionensystem,

- $(\odot, \vee)$ ist ein vollständiges Funktionensystem.

1.6 Subfunktionen und Entscheidungsbäume

Falls eine binäre Funktion wenigstens für eine Variable bereits einen festen Wert besitzt, spricht man von einer Subfunktion.

Definition 1.5. *Ist $f(x_1, x_2, \ldots, x_n)$ eine Funktion von n Variablen, dann sind $f(x_1 = 0)$ und $f(x_1 = 1)$ zwei Subfunktionen bezüglich x_1. $f(x_1 = 0)$ wird als negativer Co-Faktor und $f(x_1 = 1)$ als positiver Co-Faktor der Funktion bezeichnet.*

Man wählt eine Variable (hier x_1) und für diese Variable einen festen Wert aus. Die so entstehende Funktion hängt nicht mehr von x_1 ab. Als Beispiel wählen wir die Funktion (1.53) und setzen $x_1 = 0$:

$$f(x_1 = 0, x_2, x_3, x_4) = (x_2 \vee x_3 \vee x_4)(x_2 \vee x_3 \vee \overline{x}_4)$$
$$(x_2 \vee \overline{x}_3 \vee x_4)(x_2 \vee \overline{x}_3 \vee \overline{x}_4)$$
$$(\overline{x}_2 \vee x_3 \vee \overline{x}_4)(\overline{x}_2 \vee \overline{x}_3 \vee x_4) \ .$$

Für $x_1 = 1$ erhält man die folgende Funktion:

$$f(x_1 = 1, x_2, x_3, x_4) = (x_2 \vee x_3 \vee \overline{x}_4)(x_2 \vee \overline{x}_3 \vee x_4)$$
$$(\overline{x}_2 \vee x_3 \vee \overline{x}_4)(\overline{x}_2 \vee \overline{x}_3 \vee x_4) \ .$$

Sehr häufig ist der folgende, auf *C. E. Shannon* (1916–2001) zurückgehende Sachverhalt [10] nützlich.

Satz 1.3. *Jede Funktion $f(x_1 \ldots x_n)$ kann dargestellt werden durch*

$$f(x_1 \ldots x_n) = \overline{x}_i \, f(x_i = 0) \vee x_i \, f(x_i = 1)$$
$$= \overline{x}_i \, f(x_i = 0) \oplus x_i \, f(x_i = 1) \ .$$

Das führt zu einer weiteren Darstellungsmöglichkeit für binäre Funktionen, die sogenannten **Entscheidungsbäume**. Für eine binäre Funktion

1.6 Subfunktionen und Entscheidungsbäume

trifft man die Entscheidung, eine ausgewählte Variable mit einem bestimmten Wert zu verwenden. In der entstehenden Situation kann man eine nächste Variable auswählen und damit weiterarbeiten. Braucht man auf diese Weise alle Variable auf, so erreicht man eine Endsituation, in der man den Binärvektor der getroffenen Entscheidungen für alle Variablen und den Funktionswert kennt.

Beispiel 1.4. *Betrachten wir die Funktion $f(x_1, x_2, x_3) = x_1 \oplus x_2 \oplus x_3$ und wählen im Wurzelknoten als erste Entscheidungsvariable x_1.*

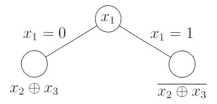

Abbildung 1.3 Die Wurzel des Entscheidungsbaumes und der erste Konstruktionsschritt

In Abbildung 1.3 sieht man sofort, dass der entstehende Baum von der Reihenfolge der Variablen abhängig ist. Abbildung 1.4 zeigt den Entscheidungsbaum, in dem zusätzlich die Entscheidungsvariable x_2 ausgewertet wurde. Manchmal erhält man den Funktionswert nicht erst auf der letzten Ebene.

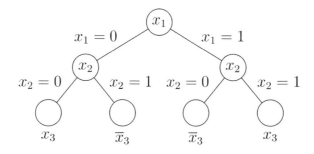

Abbildung 1.4 Zweiter Schritt der Konstruktion des Entscheidungsbaumes

1.7 Ternärvektoren

Ternärvektoren wurden in den 70er Jahren von *A. D. Zakrevskij* (Minsk) eingeführt und dann zur Schaffung numerischer Methoden für logische Probleme weiterentwickelt. Man kann sie auf unterschiedliche Art und Weise definieren; es soll hier auf direkte Art und Weise geschehen als Zusammenfassung mehrerer Binärvektoren.

Wir betrachten ein Beispiel aus $\mathbb{B}^4$: auf zwei Konjunktionen $x_1\,x_2\,x_3\,x_4$ und $\overline{x}_1\,x_2\,x_3\,x_4$, die für eine bestimmte Funktion $f(x_1, x_2, x_3, x_4)$ den Wert 1 annehmen, kann man das Distributivgesetz (1.17) im umgekehrten Sinn, das Komplement (1.19) und die Regel für das neutrale Element (1.18) anwenden:

$$x_1\,x_2\,x_3\,x_4 \vee \overline{x}_1\,x_2\,x_3\,x_4 = (x_1 \vee \overline{x}_1)\,x_2\,x_3\,x_4 = x_2\,x_3\,x_4\ .$$

Es entsteht eine Konjunktion, in der die Variable x_1 fehlt, die aber für die vier Variablen x_1, x_2, x_3, x_4 definiert ist; das kürzen wir durch den Vektor (-111) ab. Ein **Ternärvektor** beschreibt also eine Menge von Binärvektoren. Hier sind es die Binärvektoren $\{(0111), (1111)\}$, für die die Konjunktion $x_2\,x_3\,x_4$ den Wert 1 annimmt.

Wir gehen im Weiteren von einer disjunktiven Normalform aus, deren Konjunktionen in einer Liste von Binärvektoren dargestellt sind (siehe z.B. Tabelle 1.11). Man kann nun versuchen, die Zusammenfassung zu Ternärvektoren so oft wie möglich durchzuführen. Dann wird die Funktion durch eine **Ternärvektorliste** (**TVL**) dargestellt. Zwei Vektoren können zu einem Ternärvektor zusammengefasst werden, wenn sie sich nur in einer Komponente unterscheiden und dort die Kombination (0,1) vorkommt. Im entstehenden Ternärvektor wird an dieser Position das ‚−' Element eingetragen. Diese Herstellung einer TVL ist nicht eindeutig. Es ist ein schwieriges Optimierungsproblem, für eine gegebene Funktion eine TVL mit einer *minimalen Anzahl von Zeilen* zu finden.

1.7 Ternärvektoren

Jedes Element einer TVL kann einen von drei Werten 0, 1 bzw. − annehmen. Für eine Konjunktion bedeutet der Wert

0: die zugehörige Boolesche Variable tritt negiert auf,

1: die zugehörige Variable tritt nicht-negiert auf, und

−: die zugehörige Variable tritt gar nicht auf.

Aus der ursprünglichen disjunktiven Normalform entsteht durch das Zusammenfassen von Binärvektoren zu Ternärvektoren eine **disjunktive Form** $D(f)$.

Beispiel 1.5. *Die TVL*

$$D(f) = \begin{array}{ccc} x_1 & x_2 & x_3 \\ \hline 1 & - & 0 \\ - & 1 & 1 \\ 1 & 0 & 1 \end{array}$$

beschreibt die disjunktive Form der Funktion

$$f(x_1, x_2, x_3) = x_1\,\overline{x}_3 \vee x_2\,x_3 \vee x_1\,\overline{x}_2\,x_3 \ .$$

Ein Strichelement im Ternärvektor bedeutet, dass dieser Ternärvektor durch zwei Binärvektoren ersetzt werden kann, die an dieser Stelle einmal den Wert 1 und einmal den Wert 0 annehmen. Da Strichelemente an mehreren Stellen in einem Ternärvektor auftreten können, kann man auch zwei, vier, acht, ... Binärvektoren mit einem Ternärvektor beschreiben.

Je weniger Variable eine Konjunktion aus $\mathbb{B}^n$ enthält, desto mehr Strichelemente kommen im zugehörigen Ternärvektor vor. Die Funktion

$$f(x_1, x_2, x_3) = \overline{x}_3 \vee x_3 = 1$$

kann durch die TVL

$$D(f) = \begin{array}{ccc} x_1 & x_2 & x_3 \\ \hline - & - & 0 \\ - & - & 1 \end{array} = \begin{array}{ccc} x_1 & x_2 & x_3 \\ \hline - & - & - \end{array}$$

dargestellt werden. Die beiden Ternärvektoren $(--0)$ und $(--1)$ können zum Ternärvektor $(---)$ zusammengefasst werden. Dieses einfache Beispiel zeigt, dass ein Strichvektor die Funktion $f = 1(\mathbf{x})$ beschreibt.

Betrachten wir nun die Funktion $f(x_1, x_2, x_3, x_4) = x_1 \vee x_2 \vee x_3$ in $\mathbb{B}^4$. Die drei Konjunktionen enthalten nur eine Variable; das wird durch einen Ternärvektor dargestellt, der einmal den Wert 1 und dreimal den Wert ‚$-$' enthält.

$$D(f) = \begin{array}{cccc} x_1 & x_2 & x_3 & x_4 \\ \hline 1 & - & - & - \\ - & 1 & - & - \\ - & - & 1 & - \end{array} \tag{1.54}$$

Wenn wir jetzt alle möglichen Wertekombinationen bilden, dann erhalten wir für jede Zeile 8 Binärvektoren, insgesamt ergeben sich $3 \times 8 = 24$ Binärvektoren. Da es in $\mathbb{B}^4$ nur $2^4 = 16$ Binärvektoren gibt, müssen sich folglich die drei Mengen von Binärvektoren mehrfach überlappen, also einen nichtleeren Durchschnitt besitzen. Dies können wir dadurch beheben, dass wir den Begriff der **Orthogonalität** von Ternärvektoren einführen.

Definition 1.6. *Für einen Ternärvektor* $\mathbf{t} = (t_1, \ldots, t_n)$, $t_i \in \{0, 1, -\}$, $i = 1, \ldots, n$ *ist* $S(\mathbf{t})$ *die Menge aller Binärvektoren* $\mathbf{x} \in \mathbb{B}^n$, *die man mit Hilfe des Ternärvektors* $\mathbf{t}$ *bilden kann.*

Nun ist es möglich, die Orthogonalität von zwei Ternärvektoren mit Hilfe der Mengen von erzeugten Binärvektoren zu definieren.

1.7 Ternärvektoren

Definition 1.7. *Zwei Vektoren* $\mathbf{t}_1$ *und* $\mathbf{t}_2$ *sind zueinander* **orthogonal** ($\mathbf{t_1} \perp \mathbf{t_2}$), *falls* $S(\mathbf{t_1}) \cap S(\mathbf{t_2}) = \emptyset$.

Satz 1.4. *Für zwei Ternärvektoren* $\mathbf{t}_1$ *und* $\mathbf{t}_2$ *gilt die Eigenschaft* $\mathbf{t}_1 \perp \mathbf{t}_2$ *genau dann, wenn für eine Komponente i die Kombination*

$$t_{1,i} = 0, t_{2,i} = 1 \quad \text{oder} \quad t_{1,i} = 1, t_{2,i} = 0 \tag{1.55}$$

auftritt.

Beweis. Aus der Bedingung (1.55) ergibt sich die Orthogonalität der Ternärvektoren $\mathbf{t}_1$ und $\mathbf{t}_2$ unmittelbar, da sich alle Binärvektoren von $S(\mathbf{t_1})$ wenigstens in der Komponente i von $S(\mathbf{t_2})$ unterscheiden. □

Diese Eigenschaft ist sehr leicht herzustellen, sehr leicht zu testen und sehr nützlich, weil die Mengen $S(\mathbf{t}_1)$ und $S(\mathbf{t}_2)$ jetzt einen *leeren Durchschnitt* haben. Man kann sie natürlich auch rechnerisch nachvollziehen durch mehrfache Anwendung der Distributiv- und Absorptionsgesetze. Die orthogonale TVL

$$D(f) = \begin{array}{c|cccc} & x_1 & x_2 & x_3 & x_4 \\ \hline & 1 & - & - & - \\ & 0 & 1 & - & - \\ & 0 & 0 & 1 & - \\ \hline \end{array} \tag{1.56}$$

erzeugt die gleiche Menge von Binärvektoren wie (1.54).

Eine zweite sehr nützliche Eigenschaft besteht darin, dass eine Menge eine Teilmenge der zweiten Menge ist, beispielsweise

$$S(\mathbf{t}_1) \subseteq S(\mathbf{t}_2) \ .$$

Jeder von $\mathbf{t}_1$ erzeugte Vektor wird auch von $\mathbf{t}_2$ erzeugt. In diesem Fall wird der Vektor $\mathbf{t}_1$ für die Darstellung einer Funktion f überhaupt nicht benötigt und kann weggelassen werden.

1.8 Aufgaben

Aufgabe 1.1. Welches Dezimaläquivalent besitzt der Binärvektor

$$(x_5, x_4, x_3, x_2, x_1, x_0) = (101001) \, .$$

Aufgabe 1.2. Weisen sie die Richtigkeit des Distributivgesetzes (1.35) mit Hilfe der vollständigen Durchmusterung in einer Tabelle nach.

Aufgabe 1.3. Weisen sie durch Anwendung der Rechenregeln nach, dass die Formeln (1.57) und (1.58) die gleiche Funktion beschreiben. Welche Regeln müssen angewendet werden, um eine disjunktive Form zu erhalten? Geben sie die zugehörige Antivalenz-Normalform an.

$$x_1 \oplus \overline{x}_2 \, \overline{x}_3 \tag{1.57}$$
$$(x_1 \vee \overline{x}_2 \, \overline{x}_3) \wedge (\overline{x}_1 \vee x_2 \vee x_3) \tag{1.58}$$

Aufgabe 1.4. Stellen sie die Funktionen $f_1(\mathbf{x})$ und $f_2(\mathbf{x})$ als Ternärvektorlisten in disjunktiver Form dar. Berechnen sie die Ternärvektorliste für Funktionen $f_3(\mathbf{x}) = f_1(\mathbf{x}) \wedge f_2(\mathbf{x})$ mit Hilfe der Durchschnittsbildung der beiden Ternärvektorlisten.

$$f_1(\mathbf{x}) = x_1 \, \overline{x}_2 \, x_4 \, x_6 \vee x_2 \, x_3 \, \overline{x}_5 \, \overline{x}_6 \vee x_2 \, x_5 \tag{1.59}$$
$$f_2(\mathbf{x}) = \overline{x}_1 \, x_2 \, \overline{x}_4 \, x_5 \, x_6 \vee \overline{x}_2 \, x_3 \, \overline{x}_4 \tag{1.60}$$

Aufgabe 1.5. Vervollständigen sie den Entscheidungsbaum aus der Abbildung 1.4 zu einem vollständigen Baum und formen sie anschließend diesen Baum in ein reduziertes Entscheidungsdiagramm (*Binary Desicion Diagram* – BDD) um [4]. Die Knoten beschreiben Subfunktionen. Beginnend von den Blättern des Baums werden Knoten identischer Subfunktionen nur einmal in das Entscheidungsdiagramm aufgenommen.

2 Logische Gleichungen

2.1 Begriff und Lösungsmethoden

Der Begriff einer Gleichung spielt in der klassischen Mathematik eine überragende Rolle, wurde aber bei binären Systemen entweder gar nicht oder wenig angewendet. Es wird gezeigt, dass dies überhaupt nicht so sein muss, sondern dass man die Übertragung dieses Begriffes auf binäre Systeme und Funktionen ohne Probleme vornehmen kann. Alle logische Gleichungen und Gleichungssysteme können in homogene Formen überführt werden.

Seit Ende der 70er Jahre wurde das Programmsystem XBOOLE [2, 5, 9, 11, 14] entwickelt und immer wieder an neue Rechnergenerationen angepasst. Es entspricht in etwa der Implementation numerischer Methoden für binäre Systeme und wurde in der Zwischenzeit auch auf diskrete Probleme erweitert und angewendet. Unter Verwendung von Ternärvektorlisten können damit neben den grundlegenden binären Operationen auch logische Gleichungen und Gleichungssysteme unmittelbar gelöst werden.

Definition 2.1. *Eine **logische (binäre, Boolesche) Gleichung** entsteht durch das Gleichsetzen von zwei logischen Funktionen. Die **Lösung** einer logischen Gleichung ist eine Menge von Binärvektoren, für die die Funktionen der beiden Seiten der Gleichung entweder beide den Funktionswert 0 (0 = 0) oder beide den Funktionswert 1 (1 = 1) besitzen.*

Wir beginnen mit einigen einführenden Beispielen und starten mit der Gleichung
$$x_1 \wedge x_2 = x_2 \oplus x_3 \ . \tag{2.1}$$

Eine erste Lösungsmethode besteht in folgenden Schritten:

1. Man stellt fest, welche Variable auftreten. Hier sind es die Variablen x_1, x_2 und x_3. Man arbeitet also in $\mathbb{B}^3$.

2. Man schreibt alle Binärvektoren von $\mathbb{B}^3$ auf und berechnet die Funktionswerte für die linke und die rechte Seite der Gleichung.

3. Dann bestimmt man die Vektoren, für die diese beiden Seiten gleich sind, als Lösungen der Gleichung.

Tabelle 2.1 Ermitteln der Lösungen der Gleichung (2.1): $x_1 \wedge x_2 = x_2 \oplus x_3$

x_1	x_2	x_3	linke Seite	rechte Seite	Gleichheit
0	0	0	0	0	x
0	0	1	0	1	
0	1	0	0	1	
0	1	1	0	0	x
1	0	0	0	0	x
1	0	1	0	1	
1	1	0	1	1	x
1	1	1	1	0	

Hier findet man also vier Lösungen, die in Tabelle 2.1 durch x gekennzeichnet sind.

Eine zweite Möglichkeit besteht darin, dass man Eigenschaften der Funktionen auf der linken und rechten Seite direkt durch Ternärvektoren ausdrückt und dann mit Mengenoperationen fortfährt.

In unserem Beispiel gilt $x \wedge y = 0$ für die Vektoren $(0 - -)$ und $(-0-)$. Die rechte Seite nimmt den Wert 0 an für (-00) und (-11). Also muss

2.1 Begriff und Lösungsmethoden

man folgenden Durchschnitt berechnen:

$$
\begin{array}{ccc} x_1 & x_2 & x_3 \\ \hline 0 & - & - \\ - & 0 & - \end{array} \cap \begin{array}{ccc} x_1 & x_2 & x_3 \\ \hline - & 0 & 0 \\ - & 1 & 1 \end{array} = \begin{array}{ccc} x_1 & x_2 & x_3 \\ \hline 0 & 0 & 0 \\ 0 & 1 & 1 \\ - & 0 & 0 \end{array}.
$$

Die Matrix auf der rechten Seite beschreibt auf den ersten Blick vier Lösungen, aber der Vektor (000) kommt zweimal vor.

Nun berücksichtigen wir den Wert 1 auf beiden Seiten; die linke Seite nimmt diesen Wert für (11−) an. Auf der rechten Seite sind die beiden Vektoren (−01) und (−10) zu berücksichtigen:

$$
\begin{array}{ccc} x_1 & x_2 & x_3 \\ \hline 1 & 1 & - \end{array} \cap \begin{array}{ccc} x_1 & x_2 & x_3 \\ \hline - & 0 & 1 \\ - & 1 & 0 \end{array} = \begin{array}{ccc} x_1 & x_2 & x_3 \\ \hline 1 & 1 & 0 \end{array}.
$$

Damit erhält man genau die gleichen vier Vektoren wie in Tabelle 2.1.

Die verwendeten Ternärvektorlisten und die Bildung des Durchschnittes entsprechen dabei genau dem Distributivgesetz. Nehmen wir an, dass die TVL $D(f_1)$ die beiden Ternärvektoren $\mathbf{t}_1$ und $\mathbf{t}_2$ enthält und in der TVL $D(f_2)$ die beiden Ternärvektoren $\mathbf{t}_3$ und $\mathbf{t}_4$ enthalten sind. Die Ternärvektoren in jeder dieser TVL sind disjunktiv verknüpft. Da wir die Binärvektoren benötigen, die in beiden TVL vorkommen, müssen wir die Konjunktion

$$f_1 \wedge f_2 = (\mathbf{t}_1 \vee \mathbf{t}_2) \wedge (\mathbf{t}_3 \vee \mathbf{t}_4)$$

berechnen. Man muss also jeden Vektor der ersten TVL mit jedem Vektor der zweiten TVL entsprechend der Operationsvorschrift aus Tabelle 2.2 verknüpfen. Immer dann, wenn ein Wert 0 in einem Vektor auf den Wert 1 im anderen Vektor trifft, bedeutet das, dass eine Variable x_i auf eine Variable $\overline{x}_i$ trifft und der Durchschnitt die leere Menge $\emptyset$ ist.

Tabelle 2.2 Durchschnitt für Ternärvektoren

$t_{1,i}$	0	0	0	1	1	1	–	–	–
$t_{2,i}$	0	1	–	0	1	–	0	1	–
$t_{1,i} \cap t_{2,i}$	0	$\emptyset$	0	$\emptyset$	1	1	0	1	–

Eine geschickte Kodierung der drei Werte 0, 1 und – erlaubt es, Operationen mit binären Vektoren einzuführen, die auf Registerniveau (32, 64 oder wesentlich mehr Bits) parallel in einem Schritt ausgeführt werden können. Man erkauft sich diese Geschwindigkeitsvorteile allerdings damit, dass man zwei Binärvektoren in die Operationen einbeziehen muss. Wir verwenden die Kodierung der Tabelle 2.3. Das erste Bit gibt an, ob für diese Variable der Wert 0 oder 1 vorhanden ist, der zweite Wert gibt den Wert selbst an. Der leere Speicher, alle Bits gleich 0, definiert überall den Wert –.

Tabelle 2.3 Binärer Kode von drei Werten

Ternärer Wert	Bit1	Bit2
0	1	0
1	1	1
–	0	0

Wenn beispielsweise die dreiwertigen Operationen für den Durchschnitt auf zwei Vektoren $\mathbf{x}$ und $\mathbf{y}$ übertragen werden, dann ist der Durchschnitt gleich der leeren Menge $\emptyset$ genau dann, wenn

$$bit1(\mathbf{x}) \wedge bit1(\mathbf{y}) \wedge (bit2(\mathbf{x}) \oplus bit2(\mathbf{y})) \neq \mathbf{0} \; .$$

Falls der Durchschnitt nicht leer ist, dann kann er durch die folgenden Bitvektoroperationen bestimmt werden:

$$bit1(\mathbf{x} \cap \mathbf{y}) = bit1(\mathbf{x}) \vee bit1(\mathbf{y}) \; ,$$
$$bit2(\mathbf{x} \cap \mathbf{y}) = bit2(\mathbf{x}) \vee bit2(\mathbf{y}) \; .$$

2.2 Elementare homogene Gleichungen

Das Besondere an einer *homogenen Gleichung* ist, dass auf der rechten Seite eine konstante Funktion steht. Hat diese Funktion den konstanten Funktionswert 1, so handelt es sich um eine *homogene charakteristische Gleichung*. In einer *homogenen restriktiven Gleichung* steht auf der rechten Seite die konstante Funktion mit dem Wert 0. Wir untersuchen zunächst besonders einfache homogene Gleichungen.

- *Die Konjunktion von Literalen $C = 1$*

  Es sei $C = x_1 \overline{x}_2 x_3$. Damit die Konjunktion den Wert 1 annimmt, muss jedes Literal den Wert 1 annehmen: $\mathbf{x} = (101)$ ist der zugehörige Lösungsvektor. Man findet diesen Vektor sehr einfach: für eine Variable verwendet man den Wert 1, für eine negierte Variable den Wert 0. Sollte aus dem Kontext erkennbar sein, dass noch weitere Variable zu berücksichtigen sind, die aber in der Konjunktion nicht vorkommen, dann kann man diese Variable durch einen Wert — berücksichtigen. Man kann also die Lösung einer charakteristischen Gleichung $C = 1$ durch einen einzigen Ternärvektor beschreiben.

- *Die Konjunktion von Literalen $C = 0$*

  Damit eine Konjunktion von Literalen den Wert 0 annimmt, reicht es aus, dass ein Literal den Wert 0 annimmt, der Wert für alle anderen Variablen kann beliebig gewählt werden. Für die gleiche Konjunktion $C = x_1 \overline{x}_2 x_3$ ergeben sich jetzt drei Lösungsvektoren:

$$\begin{array}{ccc} x_1 & x_2 & x_3 \\ \hline 0 & - & - \\ - & 1 & - \\ - & - & 0 \end{array} \quad . \tag{2.2}$$

Hier umfasst das Ergebnis genauso viele Ternärvektoren wie die Konjunktion Variable enthält. Das Problem von mehrfach vorkommenden Lösungen ist ganz offensichtlich. Der Vergleich der ersten beiden Vektoren von TVL (2.2) zeigt, dass der Vektor $(01-)$ sowohl im ersten Vektor $(0--)$ als auch im zweiten Vektor $(-1-)$ vorkommt. Der zweite Vektor kann also durch den orthogonalen Vektor $(11-)$ ersetzt werden. Der Ausschluss aller Doppellösungen durch Orthogonalisierung führt schließlich zu der Lösungsmenge:

$$\begin{array}{ccc} x_1 & x_2 & x_3 \\ \hline 0 & - & - \\ 1 & 1 & - \\ 1 & 0 & 0 \end{array} \quad . \tag{2.3}$$

Hier umfasst das Ergebnis auch so viele Ternärvektoren wie die Konjunktion Variable enthält.

- *Die Disjunktion von Literalen*

Die Lösungsmenge einer logischen Gleichung bleibt unverändert, wenn beide Seiten der Gleichung negiert werden. Diese Eigenschaft ergibt sich unmittelbar aus der Definition 2.1, da sowohl Binärvektoren, die zu $0 = 0$ als auch zu $1 = 1$ führen, zur Lösungsmenge gehören. Aus $C = x_1 \overline{x}_2 x_3$ erhält man durch die Negation nach De Morgan $D = \overline{x}_1 \vee x_2 \vee \overline{x}_3$. Die Lösungsmenge der charakteristischen Gleichung $D = 1$ stimmt deshalb mit der Lösungsmenge der restriktiven Gleichung $C = 0$ überein.

Analoge Überlegungen führen zu dem Ergebnis, dass die Lösungen der Gleichungen $D = 0$ und $C = 1$ ebenfalls übereinstimmen, wenn die Disjunktion D durch die Negation nach De Morgan aus der Konjunktion C gebildet wird.

2.3 Mengenoperationen

Nun wollen wir die Operationen mit den entstehenden Mengen von Binärvektoren mit in die Betrachtungen einbeziehen. Mit Mengenoperationen können Lösungsmengen von Gleichungen berechnet werden, wenn man die Lösungsmengen homogener Gleichungen für bestimmte Funktionen kennt und mehrere dieser Funktionen gemeinsam in einer zu lösenden Gleichung vorkommen.

In XBOOLE stehen die Mengenoperationen Komplement, Durchschnitt, Vereinigung, Differenz, Symmetrische Differenz sowie Komplement der symmetrischen Differenz zur Verfügung. Die Ergebnisse aller Mengenoperationen werden in XBOOLE als orthogonale TVL berechnet.

- Komplement

    Es sei eine Funktion $f(\mathbf{x})$ gegeben. Wenn man die Menge F^1 aller Binärvektoren $\mathbf{x}$ der charakteristischen Gleichung $f(\mathbf{x}) = 1$ kennt, so ergibt sich als Komplement bzgl. $\mathbb{B}^n$ die Menge von Binärvektoren F^0 der zugehörigen restriktiven Gleichung $f(\mathbf{x}) = 0$:
    $$F^1 = \overline{F^0} = \mathbb{B}^n \setminus F^0 \ .$$
    Umgekehrt gilt
    $$F^0 = \overline{F^1} = \mathbb{B}^n \setminus F^1 \ .$$

- Durchschnitt

    Der Durchschnitt zweier Mengen $(X \cap Y)$ bestimmt alle Binärvektoren, die sowohl in X als auch in Y enthalten sind. Damit kann man beispielsweise für zwei Funktionen $f(\mathbf{x})$ und $g(\mathbf{x})$, für die F^1 und G^1 bekannt sind, die Lösungsmenge der charakteristischen Gleichung $f(\mathbf{x}) \wedge g(\mathbf{x}) = 1$ durch $F^1 \cap G^1$ berechnen.

- Vereinigung

  Die Vereinigung kann angewendet werden, wenn man für zwei Funktionen $f(\mathbf{x})$ und $g(\mathbf{x})$, für die F^1 und G^1 gegeben sind, die Lösungsmenge der charakteristischen Gleichung $f(\mathbf{x}) \vee g(\mathbf{x}) = 1$ bestimmen will. Dazu verwendet man $F^1 \cup G^1$.

- Differenz

  Die Differenz $(X \setminus Y)$ ermöglicht eine Vereinfachung für den Fall, dass für die Funktionen $f(\mathbf{x})$ und $g(\mathbf{x})$ die zugehörigen Lösungsmengen F^1 und G^1 bekannt sind und die charakteristischen Gleichung $f(\mathbf{x}) \wedge \overline{g(\mathbf{x})} = 1$ gelöst werden soll. Statt der nacheinander folgenden Anwendung des Komplements $G^0 = \overline{G}^1$ und des Durchschnitts $F^1 \cap G^0$ kann das gesuchte Ergebnis direkt als Differenz $F^1 \setminus G^1$ berechnet werden.

- Symmetrische Differenz und Komplement der symmetrischen Differenz

  Wir hatten schon erwähnt, dass jede Gleichung in die homogene charakteristische Form

  $$f(\mathbf{x}) = g(\mathbf{x}) \Leftrightarrow f(\mathbf{x}) \oplus g(\mathbf{x}) = 0 \qquad (2.4)$$

  bzw. die homogene restriktive Form überführt werden kann:

  $$f(\mathbf{x}) = g(\mathbf{x}) \Leftrightarrow f(\mathbf{x}) \odot g(\mathbf{x}) = 1 \ . \qquad (2.5)$$

  Mit Hilfe der symmetrischen Differenz Δ kann man die zur Antivalenz gehörende Menge bestimmen ($f_3 = f_1 \oplus f_2$), das Komplement der symmetrischen Differenz $\overline{\Delta}$ kann man zur Berechnung der Äquivalenz ($f_4 = f_1 \odot f_2$) verwenden.

2.4 Ungleichungen

Logische Ungleichungen unterscheiden sich bezüglich des ausgedrückten Sachverhalts wesentlich von logischen Gleichungen, aber können leicht in logische Gleichungen mit gleicher Lösungsmenge transformiert werden. Man braucht deshalb keine zusätzlichen Methoden, um logische Ungleichungen lösen zu können.

Definition 2.2. *In einer **logischen (binären, Booleschen) Ungleichung** stehen zwei logischen Funktionen in einer der Relationen $<$ bzw. $\leq$. Die **Lösung** einer logischen Ungleichung ist eine Menge von Binärvektoren. Die Lösungsmenge für*

$$f(\mathbf{x}) < g(\mathbf{x}) \tag{2.6}$$

enthält alle Binärvektoren, für die $f(\mathbf{x}) = 0$ und $g(\mathbf{x}) = 1$ ist. Die Lösungsmenge für

$$f(\mathbf{x}) \leq g(\mathbf{x}) \tag{2.7}$$

enthält zusätzlich alle Binärvektoren, für die Funktionswerte für $f(\mathbf{x})$ und $g(\mathbf{x})$ übereinstimmen.

Tabelle 2.4 Wertetabelle für beide Arten logischer Ungleichungen

$f(\mathbf{x})$	$g(\mathbf{x})$	$f(\mathbf{x}) < g(\mathbf{x})$	$f(\mathbf{x}) \leq g(\mathbf{x})$
0	0	0	1
0	1	1	1
1	0	0	0
1	1	0	1

Aus Tabelle 2.4 lassen sich unmittelbar die zu den Ungleichungen äquivalenten Gleichungen ablesen:

$$f(\mathbf{x}) < g(\mathbf{x}) \quad \Leftrightarrow \quad \overline{f(\mathbf{x})} \wedge g(\mathbf{x}) = 1 \quad \Leftrightarrow \quad f(\mathbf{x}) \vee \overline{g(\mathbf{x})} = 0 , \tag{2.8}$$

$$f(\mathbf{x}) \leq g(\mathbf{x}) \quad \Leftrightarrow \quad \overline{f(\mathbf{x})} \vee g(\mathbf{x}) = 1 \quad \Leftrightarrow \quad f(\mathbf{x}) \wedge \overline{g(\mathbf{x})} = 0 . \tag{2.9}$$

2.5 Gleichungssysteme

In vielen praktischen Anwendungen werden die relevanten Sachverhalte durch mehrere logische Gleichungen beschrieben. Ähnlich wie bei Ungleichungen, kann man ein System logischer Gleichungen in eine einzelne homogene Gleichung umformen. Dank dieser Möglichkeit benötigen wir keine speziellen Algorithmen zur Lösung logischer Gleichungssysteme.

Definition 2.3. *Ein System **logischer (binärer, Boolescher) Gleichungen** besteht aus einer endlichen Anzahl logischer Gleichungen. Die **Lösung** eines Systems logischer Gleichungen ist die Menge von Binärvektoren, die in den Lösungsmengen jeder einzelnen Gleichung des Systems vorkommen.*

Aus einem System logischer Gleichungen mit beliebigen Funktionen auf beiden Seiten kann man in einem ersten Schritt charakteristische Formen der einzelnen Gleichungen bilden:

$$\begin{array}{rcl} f_1(\mathbf{x}) &=& g_1(\mathbf{x}) \\ f_2(\mathbf{x}) &=& g_2(\mathbf{x}) \\ \vdots &=& \vdots \\ f_m(\mathbf{x}) &=& g_m(\mathbf{x}) \end{array} \Leftrightarrow \begin{array}{rcl} f_1(\mathbf{x}) \odot g_1(\mathbf{x}) &=& 1 \\ f_2(\mathbf{x}) \odot g_2(\mathbf{x}) &=& 1 \\ \vdots &=& \vdots \\ f_m(\mathbf{x}) \odot g_m(\mathbf{x}) &=& 1 \end{array} . \quad (2.10)$$

Zur Lösungsmenge des Systems charakteristischer Gleichungen gehören alle Binärvektoren, für die jede rechte Seite der m Gleichungen den Wert 1 annimmt, was mit der Konjunktion dieser Funktionen gesichert wird:

$$\bigwedge_{i=1}^{m} (f_i(\mathbf{x}) \odot g_i(\mathbf{x})) = 1 . \quad (2.11)$$

Sei H_i^1 die Lösungsmenge von $f_i(\mathbf{x}) \odot g_i(\mathbf{x}) = 1$, so ergibt sich die Lösungsmenge H^1 des Gleichungssystems (2.10) mit der Durchschnittsoperation:

$$H^1 = \bigcap_{i=1}^{m} H_i^1 . \quad (2.12)$$

2.6 Das SAT-Problem

Die Abkürzung SAT steht für „satisfiability – Erfüllbarkeit". Es soll die Erfüllbarkeit eines logischen Ausdrucks überprüft werden, der als Konjunktion von Disjunktionen gegeben ist. Ein solcher Ausdruck ist erfüllbar, wenn es einen Binärvektor gibt, für den alle Disjunktionen den Wert 1 annehmen. Das SAT-Problem [1] kann somit formal als charakteristische Gleichung beschrieben werden, deren Funktion der linken Seite eine konjunktive Form aufweist. Viele praktische Aufgaben lassen sich in dieser Weise modellieren und lösen.

Auf Grund der Wichtigkeit dieses Problems gibt es eine unübersehbare Flut von Veröffentlichungen. Wiederum kann man sehen, dass Ternärvektoren und Ternärvektorlisten ein elegantes Mittel zur Lösung solcher Fragestellungen sind. Man sollte beachten, dass es im Wesentlichen auf die Erarbeitung eines korrekten logischen Modells ankommt, und dass die eigentliche Rechenarbeit durch unabhängig von dem speziellen Anwendungsproblem entwickelte Algorithmen und Programme übernommen wird. Solche Programme werden *SAT-Solver* genannt. Durch die ständige Verbesserung dieser SAT-Solver wird die Grenze der Lösbarkeit von praktischen Problemen immer weiter hinausgeschoben.

Wenn wir Ternärvektoren als grundlegende Datenstruktur verwenden, können wir SAT-Probleme direkt lösen. Das folgende Beispiel soll die Vorgehensweise zeigen:

$$(x_1 \vee \overline{x}_2 \vee \overline{x}_3)(x_2 \vee \overline{x}_4 \vee \overline{x}_5)(\overline{x}_1 \vee x_4 \vee x_5)(x_2 \vee x_3 \vee \overline{x}_5) = 1 \ . \quad (2.13)$$

Zur Lösung können wir die identische Umformung zwischen der Gleichung (2.11) und dem Gleichungssystem (2.10) in umgekehrter Richtung anwenden. Dazu verwenden wir jede der vier Disjunktionen der SAT-Formel (2.13) auf der linken Seite in einer separaten charakteristischen

58   2 Logische Gleichungen

Gleichung und erhalten das folgende Gleichungssystem:

$$x_1 \vee \overline{x}_2 \vee \overline{x}_3 = 1$$
$$x_2 \vee \overline{x}_4 \vee \overline{x}_5 = 1$$
$$\overline{x}_1 \vee x_4 \vee x_5 = 1$$
$$x_2 \vee x_3 \vee \overline{x}_5 = 1 \,. \tag{2.14}$$

Mit der Vorgehensweise vom Abschnitt 2.4 können diese Gleichungen einzeln gelöst werden. Wir bezeichnen die Lösungsmenge der ersten Gleichung von (2.14) mit H_1^1 und erhöhen den Index für die Lösungsmenge der nachfolgenden Gleichung jeweils um 1. Bei einheitlicher Darstellung in $\mathbb{B}^5$ ergeben sich die folgenden Lösungsmengen.

$$H_1^1 = \begin{array}{|ccccc|} x_1 & x_2 & x_3 & x_4 & x_5 \\ \hline 1 & - & - & - & - \\ 0 & 0 & - & - & - \\ 0 & 1 & 0 & - & - \\ \hline \end{array} \qquad H_2^1 = \begin{array}{|ccccc|} x_1 & x_2 & x_3 & x_4 & x_5 \\ \hline - & 1 & - & - & - \\ - & 0 & - & 0 & - \\ - & 0 & - & 1 & 0 \\ \hline \end{array}$$

$$H_3^1 = \begin{array}{|ccccc|} x_1 & x_2 & x_3 & x_4 & x_5 \\ \hline 0 & - & - & - & - \\ 1 & - & - & 1 & - \\ 1 & - & - & 0 & 1 \\ \hline \end{array} \qquad H_4^1 = \begin{array}{|ccccc|} x_1 & x_2 & x_3 & x_4 & x_5 \\ \hline - & 1 & - & - & - \\ - & 0 & 1 & - & - \\ - & 0 & 0 & - & 0 \\ \hline \end{array}$$

Um die Lösung des gesamten Gleichungssystems (2.14) zu erhalten, wenden wir die Formel (2.12) an und berechnen den Durchschnitt der vier TVL H_1^1, H_2^1, H_3^1 und H_4^1 mit folgendem Ergebnis:

$$H^1 = \bigcap_{i=1}^{4} H_i^1 = \begin{array}{|ccccc|} x_1 & x_2 & x_3 & x_4 & x_5 \\ \hline 0 & 0 & - & - & 0 \\ - & 0 & 1 & 0 & 1 \\ 1 & 1 & - & - & 1 \\ 0 & 1 & 0 & - & - \\ 1 & - & - & 1 & 0 \\ \hline \end{array} \,.$$

2.6 Das SAT-Problem

Da der Wert ‚−' sowohl 0 als auch 1 repräsentiert, hat das durch die Gleichung (2.13) gegeben SAT-Problem 18 Lösungen. Fünf Ternärvektoren genügen für die Darstellung dieser 18 Binärvektoren. Schon dieses kleine Beispiel zeigt die Vorteile der Ternärvektoren.

Mit der vorgestellten Methode haben wir gleich alle Lösungen des SAT-Problems berechnet. Viele SAT-Solver beschränken sich auf die Suche einer einzigen Lösung, was den Lösungsaufwand stark reduziert, wenn sehr viele Lösungen existieren. SAT-Probleme galten lange Zeit (und gelten noch) als sehr komplex, vor allem bezüglich der benötigten Rechenzeit. Besonders schwierig sind SAT-Probleme zu lösen, wenn die Anzahl der Variablen sehr groß ist und nur sehr wenige Lösungsvektoren existieren.

Unlängst haben wir ein Problem gelöst, das primär durch 324 vierwertige Variable beschrieben war [13]. Die vier Werte einer solchen Variablen kann man mit zwei logischen Variablen modellieren und erhält ein SAT-Problem mit 648 logischen Variablen. Für dieses Problem gibt es

$$2^{648} \approx 1,167984798 * 10^{195}$$

potentielle Lösungsvektoren. Es fällt schwer, sich eine so große Zahl vorzustellen. Man findet auch in der Natur keinen annähernden Vergleich. In Nachschlagewerken findet man, dass es im gesamten Universum nur etwa $1,57 * 10^{79}$ Elektronen und Protonen (als elementare Elemente aller Atome) gibt. Aus vielen gescheiterten Versuchen mit SAT-Solvern kann man schlussfolgern, dass, wenn überhaupt, nur sehr wenige Lösungen für dieses Problem existieren. Durch eine sehr tiefgründige Analyse und die Modellierung der Analyseergebnisse als Bestandteil des SAT-Problems konnten wir mit Hilfe des SAT-Solvers `claps` [6] schließlich doch eine Lösung finden.

Dieses Beispiel relativiert das in der Literatur verbreitete Schreckensszenarium für exponentielle Komplexität ganz beträchtlich. Durch geeignete Modelle kann man die Lösungen tatsächlich konstruktiv herstellen!

2.7 Aufgaben

Aufgabe 2.1. Ermitteln sie die Lösungsmenge der logischen Gleichung:

$$x_1 \wedge (x_3 \vee x_4) = \overline{x}_4 \vee (x_1 \odot x_2) \qquad (2.15)$$

durch Berechnung und Vergleich der Funktionswerte der Funktionen der beiden Seiten der Gleichung.

Aufgabe 2.2. Durch welche der folgenden Operationen bleibt die Lösungsmenge einer logischen Gleichung unverändert: (a) Negation auf beiden Seiten, (b) Konjunktion mit $h(\mathbf{x})$ auf beiden Seiten, (c) Disjunktion mit $h(\mathbf{x})$ auf beiden Seiten, (d) Antivalenz mit $h(\mathbf{x})$ auf beiden Seiten bzw. (e) Äquivalenz mit $h(\mathbf{x})$ auf beiden Seiten?

Aufgabe 2.3. Im Gegensatz zu Gleichungen ändert sich beim Vertauschen der Funktionen einer Ungleichung das Ergebnis. Welche homogene Gleichungen besitzen die gleichen Lösungsmengen wie Ungleichungen für die Relationen > bzw. ≥?

Aufgabe 2.4. Ein System aus m Gleichungen kann alternativ zu (2.11) auch durch eine restriktive Gleichung dargestellt werden. Geben sie das zum Gleichungssystem (2.10) äquivalente System restriktiver Gleichungen und die zusammengefasste restriktive Gleichung mit gleicher Lösungsmenge an. Wie kann die Lösungsmenge H^0 des gesamten Gleichungssystems (2.10) berechnet werden, wenn die Lösungsmengen H_i^0 der restriktiven Einzelgleichungen bekannt sind?

Aufgabe 2.5. Ist das SAT-Problem

$$(x_1 \vee x_3) \wedge (\overline{x}_1 \vee x_2 \vee x_4) \wedge (x_2 \vee \overline{x}_4) \wedge (\overline{x}_2 \vee \overline{x}_3) \wedge (\overline{x}_1 \vee \overline{x}_2 \vee \overline{x}_4) = 1 \qquad (2.16)$$

erfüllbar? Wenn JA, geben sie alle Lösungsvektoren an.

3 Anwendungen in der Digitaltechnik

3.1 Arithmetik

Wir verwenden die Kodierung natürlicher Zahlen (1.3). Die verwendeten Zweierpotenzen werden durch eine 1, die nicht verwendeten durch eine 0 markiert. Verwendet man n Positionen (**Bits**), dann kann man Zweierpotenzen bis zum Wert 2^{n-1} und damit durch Addition die Zahlen bis zu $2^n - 1$ darstellen. Für ein *Byte* (8 Bits) sind das also die Zahlen von 0 bis 255. Für die Dezimalzahl 35 ergibt sich zum Beispiel:

2^5	2^4	2^3	2^2	2^1	2^0
32	16	8	4	2	1
1	0	0	0	1	1

$35 = (100011)_2$.

Der Index 2 betont die binäre Darstellung, falls notwendig. Nun muss man für die gesamte Arithmetik die entsprechenden binären Algorithmen entwickeln.

Addition

Wie aus der Dezimalarithmetik wohlbekannt ist ($9 + 3 = 12$, d.h. Summe 2, Übertrag 1), tritt auch in der binären Addition ein Übertrag (oft als **carry** c_i bezeichnet) auf. Für die Addition der Bits in der Position 2^0 gilt:

$$x_0 \cdot 2^0 + y_0 \cdot 2^0 = c_0 \cdot 2^1 + s_0 \cdot 2^0 \ . \tag{3.1}$$

Tabelle 3.1 Addition von zwei binären Werten

x	y	$x+y$	x_0	y_0	Übertrag c_0	Summe s_0
0	0	0	0	0	0	0
0	1	1	0	1	0	1
1	0	1	1	0	0	1
1	1	2	1	1	1	0

Aus der Funktionentabelle 3.1 ergeben sich die Funktionen c_0 und s_0:

$$c_0 = carry(x_0, y_0) = x_0 \wedge y_0 \quad \text{und} \quad s_0 = sum(x_0, y_0) = x_0 \oplus y_0 \ . \qquad (3.2)$$

Es gibt aber einen wesentlichen Unterschied zwischen s_0 und c_0. Das Summenbit s_0 ist endgültig bestimmt und kann als Ausgabegröße verwendet werden, das Übertragsbit wird aber tatsächlich auf die nächsthöhere Stelle übertragen. Man muss also in der nächsthöheren Stelle den Übertrag von der vorhergehenden Stelle berücksichtigen. Für jede Stelle $i, i > 0$, gilt:

$$x_i \cdot 2^i + y_i \cdot 2^i + c_{i-1} \cdot 2^i = c_i \cdot 2^{i+1} + s_i \cdot 2^i \ . \qquad (3.3)$$

Tabelle 3.2 Addition von drei binären Werten

x	y	c	$x+y+c$	x_i	y_i	c_{i-1}	Übertrag c_i	Summe s_i
0	0	0	0	0	0	0	0	0
0	0	1	1	0	0	1	0	1
0	1	0	1	0	1	0	0	1
0	1	1	2	0	1	1	1	0
1	0	0	1	1	0	0	0	1
1	0	1	2	1	0	1	1	0
1	1	0	2	1	1	0	1	0
1	1	1	3	1	1	1	1	1

3.1 Arithmetik

x_i und y_i gehören zu den beiden zu addierenden Zahlen, c_{i-1} ist der Übertrag von der vorhergehenden Stelle, c_i der Übertrag auf die nächste Stelle. Der Übertrag bewegt sich im Prinzip von der niedrigsten Stelle zur höchsten und kann dort noch um eine Stelle über die Länge der verwendeten Vektoren hinausweisen. Man erhält die folgenden Funktionen:

$$c_i = x_i\, y_i \vee x_i\, c_{i-1} \vee y_i\, c_{i-1} \quad \text{und} \quad s_i = x_i \oplus y_i \oplus c_{i-1} \,. \tag{3.4}$$

Es soll hier schon ein erstes Mal auf die Grundprinzipien *digitaler elektronischer Schaltungen* hingewiesen werden. Sehr umfangreiche Schaltungen mit vielen Eingängen und Ausgängen kann man auf „winzige" Schaltungen mit wenigen Eingängen und Ausgängen zurückführen, die entsprechend den Anforderungen mehrfach realisiert werden. Für die Addition braucht man nur eine Schaltung mit drei Eingängen x_i, y_i und c_{i-1} und zwei Ausgängen $s_i = sum(x_i, y_i, c_{i-1})$ und $c_i = carry(x_i, y_i, c_{i-1})$. Diese muss man „nur noch" 64-mal aufbauen, die *carry*-Bits benachbarter Stellen miteinander verbinden und für das niederwertigste *carry*-Bit den Wert 0 festlegen, um eine 64-Bit-Addierschaltung zu erhalten.

Multiplikation

Die Multiplikation $x \cdot y$ vom Multiplikator x mit dem Multiplikand y geschieht so wie im Dezimalbereich. Für $y_i = 0$ ergibt sich als partielles Produkt 0, was weggelassen werden kann. Für $y_i = 1$ braucht der Multiplikator nur passend verschoben werden. Die erforderlichen Additionen (mit Berücksichtigung der Überträge) berechnet man in der oben dargestellten Weise.

Beispiel 3.1. *Bei der folgenden Multiplikation treten keine Überträge auf:*

$$37 \cdot 17 = (100101)_2 \cdot (10001)_2 = 629 \,.$$

$$
\begin{array}{cccccccccccc}
1 & 0 & 0 & 1 & 0 & 1 & \cdot & 1 & 0 & 0 & 0 & 1 \\
\hline
 & & 1 & 0 & 0 & 1 & 0 & 1 & & & & \\
 & & & & & & 1 & 0 & 0 & 1 & 0 & 1 \\
\hline
 & & 1 & 0 & 0 & 1 & 1 & 1 & 0 & 1 & 0 & 1 \\
\end{array}
$$

Man kann leicht nachrechnen, dass das Ergebnis korrekt ist.

$$
\begin{aligned}
37 \cdot 17 &= (2^5 + 2^2 + 2^0) \cdot (2^4 + 2^0) \\
&= (2^5 + 2^2 + 2^0) \cdot 2^4 + (2^5 + 2^2 + 2^0) \cdot 2^0 \\
&= (2^9 + 2^6 + 2^4) + (2^5 + 2^2 + 2^0) \\
&= 2^9 + 2^6 + 2^5 + 2^4 + 2^2 + 2^0 = 629 \ .
\end{aligned}
$$

In dieser detaillierten Darstellung erkennt man unmittelbar, dass sich die Multiplikation mit 2^k als Verschiebung um k Stellen (hier 4 bzw. 0) nach links auswirkt.

Negative Zahlen und Subtraktion

Auch hier gibt es mehrere Möglichkeiten, von denen wir eine besonders vorteilhafte Methode erläutern. Dabei ist die Konstruktion negativer Zahlen am wichtigsten, da

- bei der Subtraktion negative Zahlen entstehen können und

- sich die Subtraktion immer als Addition einer negativen Zahl auffassen lässt: $13 - 7 = 13 + (-7)$.

Die Eigenschaft, eine *positive* oder *negative* Zahl zu sein, ist ebenfalls eine zweiwertige Eigenschaft. Um das darzustellen, muss man ein Bit opfern. Wir zeigen die Vorgehensweise mit Hilfe von Tetraden, für Bytes, 16, 32 oder 64 Bits geht man in gleicher Weise vor.

3.1 Arithmetik

Tabelle 3.3 Das Zweierkomplement für negative Zahlen

Zahl	+	x_2	x_1	x_0	Zahl	−	x_2	x_1	x_0
1	0	0	0	1	$16 - 1 \to -1$	1	1	1	1
2	0	0	1	0	$16 - 2 \to -2$	1	1	1	0
3	0	0	1	1	$16 - 3 \to -3$	1	1	0	1
4	0	1	0	0	$16 - 4 \to -4$	1	1	0	0
5	0	1	0	1	$16 - 5 \to -5$	1	0	1	1
6	0	1	1	0	$16 - 6 \to -6$	1	0	1	0
7	0	1	1	1	$16 - 7 \to -7$	1	0	0	1

Zur Darstellung negativer Zahlen verwenden wir das *Zweierkomplement*. Betrachten wir zu diesem Zweck die Tabelle 3.3. Auf der linken Seite stehen die positiven Zahlen $1, \ldots, 7$ und deren binäre Darstellung in den vier Spalten $(+\, x_2\, x_1\, x_0)$. In den vier Spalten auf der rechten Seite $(-\, x_2\, x_1\, x_0)$ stehen die Zahlen (16 minus die Zahl auf der linken Seite), also: $16 - 1$, $16 - 2, \ldots, 16 - 7$. Die Zahlen auf der linken Seite haben alle den Wert 0 in der ersten Komponente, die Zahlen auf der rechten Seite den Wert 1. Wir „opfern" dieses Bit und verwenden es als Vorzeichenbit: eine 0 in der ersten Spalte kennzeichnet positive Zahlen, eine 1 negative Zahlen. Addieren wir die beiden Zahlen einer Zeile, also x und $16-x$, so ergibt diese Rechnung stets die Summe 16, was man binär als Vektor (1|0000) darstellen muss. Die vier relevanten Bits der Tetrade haben stets den Wert 0, man kann sie als Zahl 0 verwenden. Die Tatsache, dass $x + (-x) = 0$ ist, gilt für jede Zahl und natürlich auch für die Zahl 0. Der Überlauf zur fünften Stelle, der bei dieser Addition auftritt, wird einfach weggelassen.

Die Komponenten der betrachteten Vektoren realisieren 2^3 (Vorzeichen), $2^2, 2^1$ und 2^0. Die Zahl 16, die zur Herstellung der negativen Zahlen verwendet wird, lässt sich als 2^4 darstellen. Die Zahlen auf der rechten Seite, die durch die drei niedrigen Bits dargestellt werden, sind die gleichen wie auf der linken Seite, nur in umgekehrter Reihenfolge.

Das Zweierkomplement kann auf sehr einfache Weise gebildet werden:

1. Man schreibt den Vektor der positiven Zahl x auf, z. B. $x = 5 = (0101)$.

2. Dann wird der Vektor bitweise negiert (*Einerkomplement*), also: (1010).

3. Als letzter Schritt wird in der letzten Stelle eine 1 addiert, also: $(1010) + (0001) = (1011)$. Diese Zahl ist das *Zweierkomplement* $-x$ der Ausgangszahl x.

Die gleichen Schritte wandeln das Zweierkomplement einer negativen Zahl in die Binärdarstellung der zugehörigen positiven Zahl um.

Beispiel 3.2. *Wir entnehmen Tabelle 3.3 die Kodierung für die Zahl $-3 = (1101)$. Als (Einer-) Komplement ergibt sich (0010). Die Addition von 1 ergibt: $x = (0010) + (0001) = (0011) = 3$.*

Die Subtraktion $x - y$ kann nun durch die Addition $x + (-y)$ erfolgen, so dass keine neuen Rechenvorschriften erforderlich sind.

Beispiel 3.3. *Die Differenz $3 - 5$ kann durch die Addition $3 + (-5)$ berechnet werden. Mit den Kodierungen aus Tabelle 3.3 ergibt sich:*

$$3 - 5 = 3 + (-5) = (0011) + (1011) = (1110) = -2 \ .$$

Analog kann die Differenz $5 - 3$ durch die Addition $5 + (-3)$ berechnet werden. Mit den Kodierungen aus Tabelle 3.3 ergibt sich:

$$5 - 3 = 5 + (-3) = (0101) + (1101) = (1|0010) = (0010) = 2 \ .$$

Der entstehende Übertrag zeigt ein korrektes positives Ergebnis an und braucht nicht weiter berücksichtigt werden.

Division

Es sind jetzt Dividend und Divisor gegeben, und es soll der Quotient berechnet werden. Dabei sind die hier auftretenden Werte ganze Zahlen, und es bleibt ein Rest übrig, der kleiner als der Divisor ist. Auch hier wird das gleiche Verfahren angewendet wie im Dezimalsystem.

$$\text{Dividend} : \text{Divisor} = \text{Quotient} + \text{Rest}$$

Beispiel 3.4. *Es soll* $27 : 7 = 3$ *Rest* 6 *berechnet werden. Die binäre Kodierung ergibt:*

$$27 = 16 + 8 + 2 + 1$$
$$= 1 \cdot 2^4 + 1 \cdot 2^3 + 0 \cdot 2^2 + 1 \cdot 2^1 + 1 \cdot 2^0 = 11011 \ ,$$
$$7 = 4 + 2 + 1$$
$$= 1 \cdot 2^2 + 1 \cdot 2^1 + 1 \cdot 2^0 = 111 \ .$$

```
    1 1 0 1 1 : 1 1 1 = 0 1 1
  - 1 1 1
    ─────
    1 1 0 1
    - 1 1 1
      ─────
      1 1 0 1
      - 1 1 1
        ─────
        1 1 0
```

Die Zahl 7 hat drei Stellen, daher beginnt man mit den ersten drei Stellen 110 der 27 und subtrahiert 111. Das ergibt den Wert 0, da 111 größer als 110 ist. Dann nimmt man einen weiteren Wert 1 dazu, hat also jetzt 1101 (= 13); hiervon zieht man 111 (= 7) ab und erhält 110. Im Ergebnis kann man eine Eins anfügen. Das setzt man nach rechts so lange wie möglich fort; was dann ganz zuletzt übrig bleibt, ist der Rest.

3.2 Digitale Schaltungen

Kombinatorische Schaltungen realisieren logische Funktionen. Die bekannten Darstellungsmittel für logische Funktionen können folglich unmittelbar zur Spezifikation einer benötigten digitalen Schaltung oder zur Beschreibung des Verhaltens einer vorhandenen Schaltung verwendet werden.

Für technische Betrachtungen ist der Begriff *Phase* sehr hilfreich. Eine Phase beschreibt die logischen Signalpegel an bestimmten Punkten einer Schaltung im eingeschwungenen Zustand. Dieser Zustand ist durch konstante Werte auf allen Leitungen der Schaltung gekennzeichnet. Für eine kombinatorische Schaltung mit n Eingängen gibt es 2^n unterschiedliche Eingangsbelegungen und folglich auch 2^n unterschiedliche Phasen, die in einer *Phasenliste* zusammengefasst werden können. Eine Ternärvektorliste kann als verkürzte Darstellung einer Phasenliste verwendet werden.

Als Schaltelemente werden in kombinatorischen Schaltungen Logikgatter verwendet. Realisiert mit Hilfe von wenigen Transistoren benötigt ein einzelnes Logikgatter eine Fläche von weniger als einem Quadratmikrometer. In mikroelektronischen Schaltkreise werden sehr viele Logikgatter in wenigen technologischen Schritten gemeinsam hergestellt und durch Leiterbahnen zur gewünschten Schaltung verbunden. Zur Darstellung der Logikgatter werden in Schaltplänen Schaltzeichen verwendet. Dafür gibt es mehrere Normen. In Tabelle 3.4 sind häufig verwendete Schaltzeichen nach der Norm ICE 60617-12 dargestellt.

Das Verhalten eines Logikgatters wird mit einer Funktionsgleichung beschrieben, deren Ausdruck auf der linken Seite nur die Variable des Ausgangs des Logikgatters enthält. Auf der rechten Seite dieser Gleichung steht der Ausdruck, der die Funktion des Logikgatters in Abhängigkeit

3.2 Digitale Schaltungen

Tabelle 3.4 Logikgatter

Schaltzeichen	Funktionsgleichung	Systemfunktion / Phasenliste
$e_1 -\!\boxed{1}\!\circ\!- a$	$a = \overline{e_1}$	$F(e_1, a) = \begin{array}{cc} e_1 & a \\ \hline 0 & 1 \\ 1 & 0 \end{array}$
$\begin{array}{c} e_1 \\ e_2 \end{array}\!\boxed{\&}\!- a$	$a = e_1 \wedge e_2$	$F(e_1, e_2, a) = \begin{array}{ccc} e_1 & e_2 & a \\ \hline 1 & 1 & 1 \\ 0 & - & 0 \\ 1 & 0 & 0 \end{array}$
$\begin{array}{c} e_1 \\ e_2 \end{array}\!\boxed{\geq 1}\!- a$	$a = e_1 \vee e_2$	$F(e_1, e_2, a) = \begin{array}{ccc} e_1 & e_2 & a \\ \hline 0 & 0 & 0 \\ 1 & - & 1 \\ 0 & 1 & 1 \end{array}$
$\begin{array}{c} e_1 \\ e_2 \end{array}\!\boxed{=1}\!- a$	$a = e_1 \oplus e_2$	$F(e_1, e_2, a) = \begin{array}{ccc} e_1 & e_2 & a \\ \hline 0 & 0 & 0 \\ 1 & 0 & 1 \\ 0 & 1 & 1 \\ 1 & 1 & 0 \end{array}$
$\begin{array}{c} e_1 \\ e_2 \end{array}\!\boxed{=1}\!\circ\!- a$	$a = e_1 \odot e_2$	$F(e_1, e_2, a) = \begin{array}{ccc} e_1 & e_2 & a \\ \hline 0 & 0 & 1 \\ 1 & 0 & 0 \\ 0 & 1 & 0 \\ 1 & 1 & 1 \end{array}$
$\begin{array}{c} e_1 \\ e_2 \end{array}\!\boxed{\&}\!\circ\!- a$	$a = \overline{e_1 \wedge e_2}$	$F(e_1, e_2, a) = \begin{array}{ccc} e_1 & e_2 & a \\ \hline 1 & 1 & 0 \\ 0 & - & 1 \\ 1 & 0 & 1 \end{array}$
$\begin{array}{c} e_1 \\ e_2 \end{array}\!\boxed{\geq 1}\!\circ\!- a$	$a = \overline{e_1 \vee e_2}$	$F(e_1, e_2, a) = \begin{array}{ccc} e_1 & e_2 & a \\ \hline 0 & 0 & 1 \\ 1 & - & 0 \\ 0 & 1 & 0 \end{array}$

von den Eingängen beschreibt. In der zweiten Spalte der Tabelle 3.4 sind die zu den Logikgattern der ersten Spalte gehörenden Funktionsgleichungen angegeben.

Die Lösung einer Funktionsgleichung ist die Phasenliste, die in der dritten Spalte der Tabelle 3.4 angegeben ist. Sie beschreibt in einer alternativen Form ebenfalls das Verhalten des Logikgatters. Für jede Belegung der Eingänge kann in der Phasenliste unmittelbar der zugehörige Wert am Gatterausgang abgelesen werden. Die Phasenliste eines Logikgatters kann auch als Darstellung der Systemfunktion $F(\mathbf{e}, a)$ in disjunktiver Form interpretiert werden.

Jede digitale Schaltung besitzt ein eindeutiges Verhalten, das durch ihre Struktur und die verwendeten Logikgatter festgelegt ist. Die grundlegende Aufgabe der Analyse einer digitalen Schaltung besteht in der Berechnung des Verhaltens aus der vorhanden Struktur.

Algorithmus 3.1. Substitutionsmethode

Gegeben: kombinatorische Schaltung mit beliebig vielen Gatterebenen
Gesucht: Phasenliste in ODA-Form für jeden Schaltungsausgang
  1: ordne jeder Leitung der Schaltung eine Variable zu
  2: gib für jedes Logikgatter eine Funktionsgleichung an
  3: substituiere die Funktionsgleichungen für innere Leitungen in die Funktionsgleichung für die Ausgänge so, dass diese nur noch von den Eingangsvariablen abhängen
  4: vereinfache die rechten Seiten der erhalten Funktionsgleichungen zu disjunktiven Formen
  5: gib als Lösung jeder vereinfachten Funktionsgleichung eine Phasenliste an
---

Als Beispiel für die Substitutionsmethode wenden wir den Algorithmus 3.1 auf die Schaltung aus Abbildung 3.1 an. Die Forderung des ersten Schritts vom Algorithmus 3.1 wurde in Abbildung 3.1 durch die Zuord-

3.2 Digitale Schaltungen

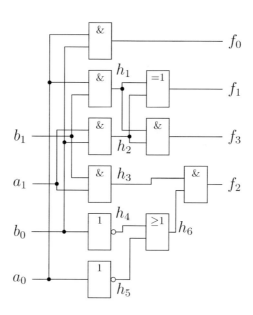

Abbildung 3.1 Kombinatorische Schaltung

nung der Hilfsvariablen $h_1, \ldots, h_6$ bereits erfüllt. Allen Anschlüssen der Logikgatter sind dadurch eindeutig Variablen zugeordnet.

Für die zehn Logikgatter der Schaltung aus Abbildung 3.1 werden entsprechend dem Schritt 2 der Substitutionsmethode mit Hilfe der Tabelle 3.4 die folgenden Funktionsgleichungen gebildet:

$$f_0 = a_0 \wedge b_0 \qquad h_5 = \overline{a}_0$$
$$h_1 = a_0 \wedge b_1 \qquad f_1 = h_1 \oplus h_2$$
$$h_2 = a_1 \wedge b_0 \qquad f_3 = h_1 \wedge h_2$$
$$h_3 = a_1 \wedge b_1 \qquad h_6 = h_4 \vee h_5$$
$$h_4 = \overline{b}_0 \qquad f_2 = h_3 \wedge h_6 \ .$$

Als Ergebnis der im Schritt 3 geforderten Substitution entstehen die folgenden Funktionsgleichungen, deren rechten Seiten nur für f_0 und f_3

unmittelbar disjunktiven Formen entsprechen.

$$f_0 = a_0 \wedge b_0$$
$$f_1 = (a_0 \wedge b_1) \oplus (a_1 \wedge b_0)$$
$$f_2 = (a_1 \wedge b_1) \wedge (h_4 \vee h_5) = (a_1 \wedge b_1) \wedge (\overline{b_0} \vee \overline{a_0})$$
$$f_3 = (a_0 \wedge b_1) \wedge (a_1 \wedge b_0)$$

Zur Vereinfachung in eine disjunktive Form muss in der Funktionsgleichung für f_1 die Antivalenz ersetzt werden.

$$\begin{aligned}
f_1 &= (a_0 \wedge b_1) \oplus (a_1 \wedge b_0) \\
&= (a_0 \wedge b_1) \wedge \overline{(a_1 \wedge b_0)} \vee \overline{(a_0 \wedge b_1)} \wedge (a_1 \wedge b_0) \\
&= (a_0 \wedge b_1) \wedge (\overline{a_1} \vee \overline{b_0}) \vee (\overline{a_0} \vee \overline{b_1}) \wedge (a_1 \wedge b_0) \\
&= a_0\, b_1\, \overline{a_1} \vee a_0\, b_1\, \overline{b_0} \vee \overline{a_0}\, a_1\, b_0 \vee \overline{b_1}\, a_1\, b_0
\end{aligned}$$

Die gesuchte disjunktive Form erhält man in der Funktionsgleichung für f_2 durch die Anwendung des Distributivgesetzes.

$$\begin{aligned}
f_2 &= (a_1 \wedge b_1) \wedge (\overline{b_0} \vee \overline{a_0}) \\
&= a_1\, b_1\, \overline{b_0} \vee a_1\, b_1\, \overline{a_0}
\end{aligned}$$

Die weitere Auswertung wird durch die Ordnung der Variablen in den Konjunktionen in der Reihenfolge a_1, a_0, b_1, b_0 erleichtert. Damit entsteht als Ergebnis von Schritt 5 der Substitutionsmethode folgendes Gleichungssystem:

$$f_0 = a_0\, b_0 \tag{3.5}$$
$$f_1 = \overline{a_1}\, a_0\, b_1 \vee a_0\, b_1\, \overline{b_0} \vee a_1\, \overline{a_0}\, b_0 \vee a_1\, \overline{b_1}\, b_0 \tag{3.6}$$
$$f_2 = a_1\, b_1\, \overline{b_0} \vee a_1\, \overline{a_0}\, b_1 \tag{3.7}$$
$$f_3 = a_1\, a_0\, b_1\, b_0 \ . \tag{3.8}$$

Aus den Funktionsgleichungen in disjunktiver Form können die Phasenlisten als Verhaltensbeschreibung der einzelnen Ausgänge sehr einfach gebildet werden. Der Wert der links stehenden Ausgangsvariable ist gleich

3.2 Digitale Schaltungen

1, wenn eine der Konjunktionen den Wert 1 annimmt; für alle anderen Eingangsbelegungen ergibt sich der Funktionswert 0. In den entstehenden Phasenlisten wird jede Phase nur einmal verwendet, so dass die im Schritt 6 der Substitutionsmethode gesuchten ODA-Formen entstehen.

a_1	a_0	b_1	b_0	f_3
1	1	1	1	1
0	–	–	–	0
1	0	–	–	0
1	1	0	–	0
1	1	1	0	0

a_1	a_0	b_1	b_0	f_2
1	–	1	0	1
1	0	1	1	1
0	–	–	–	0
1	–	0	–	0
1	1	1	1	0

a_1	a_0	b_1	b_0	f_1
0	1	1	–	1
1	1	1	0	1
1	0	–	1	1
1	1	0	1	1
0	–	0	–	0
–	1	0	0	0
0	0	1	–	0
0	1	1	0	0
1	1	1	1	0

a_0	b_0	f_0
1	1	1
0	–	0
1	0	0

Das Ergebnis des Durchschnitts dieser Lösungsmengen ist die globale Phasenliste. In ihr wird das Verhalten aller Schaltungsausgänge f_3, f_2, f_1, f_0 in Abhängigkeit von allen Schaltungseingängen a_1, a_0, b_1, b_0 beschrieben. In der analysierten Schaltung aus Abbildung 3.1 werden durch die Variablenvektoren **a**, **b** und **f** Zahlen dargestellt, wobei der Index der Variablen mit dem Exponent der zugehörigen Zweierpotenz übereinstimmt. Die binäre Darstellung in Tabelle 3.5 ermöglicht unmittelbar die Abbildung der logischen Werte der Schaltung auf der linken Seite in die zugehörigen Dezimalzahlen auf der rechten Seite. In der dezimalen Darstellung wird ersichtlich, dass die Schaltung aus Abbildung 3.1 die Multiplikation von zwei Zahlen a und b mit $0 \leq a, b \leq 3$ realisiert.

Neben der gerade für eine Beispielschaltung durchgeführten Analyse, mit der aus einer gegebenen Schaltungsstruktur das zugehörige Verhalten ermittelt wird, hat die Synthese die inverse Aufgabe, für ein vorgegebenes Verhalten eine Schaltungsstruktur zu ermitteln. Die Analyse führt für je-

Tabelle 3.5 Globales Verhalten der kombinatorischen Schaltung aus Abbildung 3.1: Multiplikation $f = a * b$

2^1	2^0	2^1	2^0	2^3	2^2	2^1	2^0	dezimal		
a_1	a_0	b_1	b_0	f_2	f_2	f_1	f_0	a	b	f
0	0	0	0	0	0	0	0	0	0	0
0	0	0	1	0	0	0	0	0	1	0
0	0	1	0	0	0	0	0	0	2	0
0	0	1	1	0	0	0	0	0	3	0
0	1	0	0	0	0	0	0	1	0	0
0	1	0	1	0	0	0	1	1	1	1
0	1	1	0	0	0	1	0	1	2	2
0	1	1	1	0	0	1	1	1	3	3
1	0	0	0	0	0	0	0	2	0	0
1	0	0	1	0	0	1	0	2	1	2
1	0	1	0	0	1	0	0	2	2	4
1	0	1	1	0	1	1	0	2	3	6
1	1	0	0	0	0	0	0	3	0	0
1	1	0	1	0	0	1	1	3	1	3
1	1	1	0	0	1	1	0	3	2	6
1	1	1	1	1	0	0	1	3	3	9

de kombinatorische Schaltung zu einem eindeutig bestimmten Verhalten. Diese Eindeutigkeit besitzt die Synthese nicht. Selbst wenn das Verhalten für alle Eingangsbelegungen eindeutig festgelegt ist gibt es sehr viele unterschiedliche Schaltungsstrukturen mit diesem Verhalten.

Für die Synthese einer kombinatorischen Schaltung gibt es viele Methoden. Wir verwenden das Analyseergebnis der einfachen Multiplikationsschaltung aus Tabelle 3.5 als Ausgangspunkt für die Synthese einer minimalen zweistufigen UND-ODER-Schaltung. Ergänzend nehmen wir an,

3.2 Digitale Schaltungen

dass der Wert $a = 3$ nicht auftreten kann. Folglich gilt für die Synthese die Nebenbedingung

$$\varphi(a_1, a_0) = a_1 \wedge a_0 \; . \tag{3.9}$$

Eine minimale zweistufige UND-ODER-Schaltung realisiert eine disjunktive Form, in der nur Primkonjunktionen vorkommen, von denen keine redundant ist.

Definition 3.1. *Eine Primkonjunktion $PK(\mathbf{x})$ einer Funktion $f(\mathbf{x})$ mit der Nebenbedingung $\varphi(\mathbf{x})$ erfüllt die folgenden Bedingungen:*

1. *$PK(\mathbf{x})$ ist eine Konjunktion, in der nur Variablen $x_i \in \mathbf{x}$ in negierter oder nicht-negierter Form vorkommen,*

2. *$PK(\mathbf{x})$ überdeckt nur Belegungen der Funktion $f(\mathbf{x})$ oder der Nebenbedingung $\varphi(\mathbf{x})$:*

$$PK(\mathbf{x}) \wedge (f(\mathbf{x}) \vee \varphi(\mathbf{x})) = PK(\mathbf{x}) \; , \tag{3.10}$$

3. *$PK(\mathbf{x})$ wird nicht vollständig von der Nebenbedingung $\varphi(\mathbf{x})$ überdeckt:*

$$PK(\mathbf{x}) \wedge \varphi(\mathbf{x}) < PK(\mathbf{x}) \; , \tag{3.11}$$

4. *es gibt keine Konjunktion $K_i(\mathbf{x})$, die aus $PK(\mathbf{x})$ durch Entfernen der Variablen x_i entsteht und vollständig von der Funktion $f(\mathbf{x})$ oder der Nebenbedingung $\varphi(\mathbf{x})$ überdeckt wird:*

$$\forall i : \quad K_i(\mathbf{x}) \wedge (f(\mathbf{x}) \vee \varphi(\mathbf{x})) < K_i(\mathbf{x}) \; . \tag{3.12}$$

Die minimalen disjunktiven Formen der vier Funktionen $f_i(\mathbf{a}, \mathbf{b})$ können ausgehend vom Analyseergebnis direkt unter Verwendung der Definition 3.1 berechnet werden. Die Funktion $f_0(a_0, b_0)$ (3.5) enthält nur die

Konjunktion $a_0 \wedge b_0$ und erfüllt somit die ersten beiden Bedingungen der Definition 3.1 einer Primkonjunktion und auch die Bedingung (3.11):

$$(a_0 \wedge b_0) \wedge (a_1 \wedge a_0) < a_0 \wedge b_0$$
$$a_1 \, a_0 \, b_0 < a_0 \, b_0 \, .$$

Als letzter Schritt zum Nachweis, dass $a_0 \wedge b_0$ eine Primkonjunktion für f_0 (3.5) unter der Nebenbedingung $\varphi(a_1, a_0) = a_1 \wedge a_0$ ist, muss die Bedingung (3.12) überprüft werden. Aus der Konjunktion $a_0 \wedge b_0$ entsteht durch das Entfernen von a_0 die triviale Konjunktion b_0, für die gilt:

$$(b_0) \wedge ((a_0 \wedge b_0) \vee (a_1 \wedge a_0)) \stackrel{?}{<} b_0$$
$$a_0 \, b_0 \vee a_0 \, a_1 \, b_0 \stackrel{?}{<} b_0$$
$$a_0 \, b_0 < b_0 \, .$$

Als zweite (und letzte) Möglichkeit entsteht die einfachere Konjunktion a_0 durch das Entfernen von b_0 aus der Konjunktion $a_0 \wedge b_0$; auch die Konjunktion a_0 erfüllt die Bedingung (3.12):

$$(a_0) \wedge ((a_0 \wedge b_0) \vee (a_1 \wedge a_0)) \stackrel{?}{<} a_0$$
$$a_0 \, b_0 \vee a_0 \, a_1 \stackrel{?}{<} a_0$$
$$a_0 \wedge (b_0 \vee a_1) < a_0 \, .$$

Damit steht fest, dass die Konjunktion $a_0 \wedge b_0$ eine Primkonjunktion von $f_0(a_0, b_0)$ ist. Sie ist die einzige Primkonjunktion, die die Funktion $f_0(a_0, b_0)$ überdecken kann. Folglich ist die rechte Seite von (3.5) die gesuchte minimale disjunktive Form von $f_0(a_0, b_0)$ unter Berücksichtigung der Nebenbedingung (3.9).

In analoger Weise können von den gegebenen Konjunktionen Primkonjunktionen gebildet werden. Alle vier Konjunktionen der Funktionen f_1 erfüllen die ersten drei Bedingungen der Definition 3.1. Zur Überprüfung, ob es sich bei der Konjunktion $\overline{a}_1 \, a_0 \, b_1$ um eine Primkonjunktion

3.2 Digitale Schaltungen

handelt, wird zunächst $\overline{a}_1$ entfernt; die Substitution der verbleibenden Konjunktion $a_0\,b_1$ in die Bedingung (3.12) ergibt:

$$(a_0\,b_1) \wedge \left((\overline{a}_1\,a_0\,b_1 \vee a_0\,b_1\,\overline{b}_0 \vee a_1\,\overline{a}_0\,b_0 \vee a_1\,\overline{b}_1\,b_0) \vee (a_1\,a_0)\right) \stackrel{?}{<} a_0\,b_1$$

$$\overline{a}_1\,a_0\,b_1 \vee a_0\,b_1\,\overline{b}_0 \vee a_1\,a_0\,b_1 \stackrel{?}{<} a_0\,b_1$$

$$a_0\,b_1 = a_0\,b_1\ .$$

Da die Konjunktion $a_0\,b_1$ vollständig von der Disjunktion aus der Funktion f_1 und der Nebenbedingung φ überdeckt wird, ist nachgewiesen, dass die Konjunktion $\overline{a}_1\,a_0\,b_1$ keine Primkonjunktion der Funktion f_1 ist. Dieser Nachweis hat den positiven Nebeneffekt, dass die Konjunktion $a_0\,b_1$ weiter als potentieller Kandidat einer Primkonjunktion der Funktion f_1 verwendet werden kann. Aus der Konjunktion $a_0\,b_1$ entstehen durch das Entfernen jeweils einer der beiden Variablen die trivialen Konjunktionen b_1 und a_0. Die Überprüfung mit (3.12) ergibt, dass weder b_1 noch a_0

$$(b_1) \wedge \left((\overline{a}_1\,a_0\,b_1 \vee a_0\,b_1\,\overline{b}_0 \vee a_1\,\overline{a}_0\,b_0 \vee a_1\,\overline{b}_1\,b_0) \vee (a_1\,a_0)\right) \stackrel{?}{<} b_1$$

$$\overline{a}_1\,a_0\,b_1 \vee a_0\,b_1\,\overline{b}_0 \vee a_1\,\overline{a}_0\,b_1\,b_0 \vee a_1\,a_0\,b_1 \stackrel{?}{<} b_1$$

$$b_1 \wedge (a_0 \vee a_1\,b_0) < b_1\ ,$$

$$(a_0) \wedge \left((\overline{a}_1\,a_0\,b_1 \vee a_0\,b_1\,\overline{b}_0 \vee a_1\,\overline{a}_0\,b_0 \vee a_1\,\overline{b}_1\,b_0) \vee (a_1\,a_0)\right) \stackrel{?}{<} a_0$$

$$\overline{a}_1\,a_0\,b_1 \vee a_0\,b_1\,\overline{b}_0 \vee a_1\,a_0\,\overline{b}_1\,b_0 \vee a_1\,a_0 \stackrel{?}{<} a_0$$

$$a_0 \wedge (b_1 \vee a_1) < a_0$$

eine Primkonjunktion der Funktion f_1 ist. Folglich ist $a_0\,b_1$ eine Primkonjunktion von f_1 (3.6). Die Primkonjunktion $a_0\,b_1$ absorbiert die zweite Konjunktion $a_0\,b_1\,\overline{b}_0$ von f_1. In einer analogen weiteren Überprüfung findet man, dass die letzten beiden Konjunktionen der Funktion f_1 (3.6) von der Primkonjunktion $a_1\,b_0$ absorbiert werden. Damit ergibt sich die minimale disjunktive Form:

$$f_1 = a_0\,b_1 \vee a_1\,b_0\ . \tag{3.13}$$

Die Nebenbedingung (3.9) ermöglicht auch eine Vereinfachung der Funktion f_2 (3.7). Als Ergebnis der gleichen Synthesemethode findet man:

$$f_2 = a_1 b_1 \,. \tag{3.14}$$

Ein interessanter Effekt tritt bei der Synthese von f_3 auf. Es gibt eine einzige Konjunktion in (3.8) als Basis für die gesuchte Primkonjunktion. Die Konjunktion $a_1 a_0 b_1 b_0$ erfüllt die ersten beiden Bedingungen der Definition 3.1. Die dritte Bedingung (3.11) wird jedoch nicht erfüllt:

$$(a_1 a_0 b_1 b_0) \wedge (a_1 a_0) \stackrel{?}{<} (a_1 a_0 b_1 b_0)$$
$$a_1 a_0 b_1 b_0 = a_1 a_0 b_1 b_0 \,.$$

Folglich gibt es für die Funktion f_3 keine Primkonjunktion und es gilt:

$$f_3 = 0 \,. \tag{3.15}$$

Die Abbildung 3.2 zeigt das Ergebnis dieser Synthese.

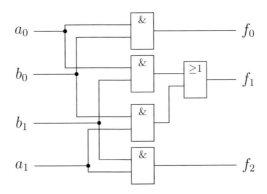

Abbildung 3.2 Vereinfachte kombinatorische Schaltung zur Multiplikation

3.3 Höhere Programmiersprachen

Fast alle höheren Programmiersprachen realisieren das imperative Paradigma, mit dem die vom Computer auszuführenden Aktionen vorgeschrieben werden. Wir zeigen einige typischen Beispiele, die der weit verbreiteten Sprache *Java* [7] entnommen sind. Andere Sprachen erlauben die gleichen Aktionen mit ähnlicher Syntax.

Die Sprache besitzt einen Datentyp `boolean` mit den beiden Werten `true` und `false`. Diese Werte können Variablen zugewiesen werden, denen der Datentyp `boolean` zugewiesen wurde - `int` kennzeichnet die beiden Variablen als *ganze Zahlen - integer*.

```
int a = 1, b=2;
boolean bool = a<=b;
```

Hier treten die drei Variablen a, b und bool auf. a und b erhalten direkt die Werte 1 und 2. Logische Werte können a priori gegeben sein oder, wie in diesem Beispiel, das Ergebnis der Vergleichsoperation a<=b sein. Mit den gegebenen Werten von a und b erhält die Variable bool den Wert true. Alle Vergleichsoperationen von Java sind in Tabelle 3.6 angegeben.

Tabelle 3.6 Operationszeichen (OZ) der Vergleichsoperationen in Java

Bedeutung	OZ	Bedeutung	OZ	Bedeutung	OZ
ungleich	!=	kleiner	<	größer	>
gleich	==	kleiner gleich	<=	größer gleich	>=

Aus den logischen Werten von Vergleichsoperationen und logischen Variablen kann man mit logischen Operationen neue logische Werte berechnen. In Java gibt es dazu die vier logischen Operationen aus Tabelle 3.7. Für die Operationen `&&` und `||` muss ein Nebeneffekt beachtet werden. Falls der linke Ausdruck in einer Konjunktion (`&&`) gleich `false` ist, wird der zugehörige rechte Ausdruck gar nicht erst ausgewertet, da diese *logische UND*-Operation unabhängig vom Wert der rechten Seite gleich `false` ist. Das Gleiche trifft auf das *logische ODER* und den Wert `true` auf der linken Seite zu.

Tabelle 3.7 Operationszeichen (OZ) der logischen Operationen in Java

Bedeutung	OZ	Bedeutung	OZ
Negation	!	logisches UND	&&
Antivalenz	^	logisches ODER	||

Nun sollen logische Ausdrücke in *Steuerstrukturen* angewendet werden.

Bedingte Ausführung von Anweisungen eines Blocks: if-Anweisung

```
if (logischer Ausdruck) {Anweisungsblock}
```

Wenn die Auswertung des Ausdruckes `true` ergibt, dann wird der Anweisungsblock ausgeführt; wenn das Ergebnis gleich `false` ist, dann wird er übergangen. In beiden Fällen setzt das Programm mit der ersten Anweisung nach dem Block fort. Geschweifte Klammern fassen mehrere bedingt auszuführende Anweisungen zu einem Block zusammen. Bei einer Anweisung im Anweisungsblock können die Klammern entfallen.

```
int z = 5;
if (z == 5) System.out.print("Die Zahl z ist gleich 5.");
```

Einfache Alternative: if-else-Anweisung

```
if (logischer Ausdruck) {Block 1} else {Block 2}
```

3.3 Höhere Programmiersprachen

Die folgende Anweisung erlaubt die alternative Ausführung von zwei verschiedenen Blöcken. Der erste Block wird verarbeitet, wenn eine bestimmte Bedingung erfüllt ist, der zweite dann, wenn sie nicht erfüllt ist.

```
int z = 7;
if (z == 5)
    System.out.println("Die Zahl z ist gleich 5.");
else
    System.out.println("Die Zahl z ist nicht gleich 5.");
```

Mehrfache Alternative: else-if-Konstruktion

Bei der einfachen Alternative wird der auszuführende Block in Abhängigkeit vom Wahrheitswert einer Bedingung ausgewählt. Will man diesen zweiten Block auch noch von der Erfüllung einer Bedingung abhängig machen, dann kann man eine `else-if`-Konstruktion verwenden. Durch den logischen Ausdruck 2 kann sogar noch über die alternative Ausführung eines dritten Blocks entschieden werden.

```
if (logischer Ausdruck 1)          {Block 1}
else if (logischer Ausdruck 2)     {Block 2}
else                               {Block 3}
```

Der `Ausdruck 2` wird nur dann ausgewertet, wenn der `Ausdruck 1` den logischen Wert `false` besitzt. Auf diese Weise ergeben sich drei (orthogonale) Bedingungen, die über die Ausführung der Anweisungen aus den Blöcken 1, 2 bzw. 3 entsprechend der Tabelle 3.8 entscheiden.

Tabelle 3.8 Mehrfache Alternative mit zwei Bedingungen

Ausdruck 1	Ausdruck 2	Block 1	Block 2	Block 3
true	beliebig	ausgeführt	—	—
false	true	—	ausgeführt	—
false	false	—	—	ausgeführt

Der `else`-Zweig und der Block 3 können in einer solchen Anweisung auch entfallen.

Verschachtelte if-else-Anweisungen

Diese Konstruktionen müssen sehr sorgfältig betrachtet werden, da man leicht Fehler machen kann. Es ist oft schwierig, alle Möglichkeiten zu erfassen und zu testen. Es ist gelegentlich sogar besser, zu „elegante" Konstruktionen zu vermeiden und redundante oder kombinierte Methoden zu verwenden. Wir nehmen an, dass der Block 1 von

`if` (logischer Ausdruck 1) {Block 1} `else` {Block 2}

wie folgt aufgebaut ist:

`if` (logischer Ausdruck 2)   {Block 3}
`else if` (logischer Ausdruck 3) {Block 4}

so dass sich insgesamt die Anweisung:

`if` (logischer Ausdruck 1)
  { `if` (logischer Ausdruck 2)   {Block 3}
    `else if` (logischer Ausdruck 3) {Block 4}}
`else` {Block 2}

ergibt. Nun muss man die einzelnen logischen Ausdrücke sorgfältig auswerten um zu erkennen, unter welchen Bedingungen die einzelnen Blöcke ausgeführt werden. Die Tabelle 3.9 fasst das Ergebnis dieser Analyse zusammen.

Tabelle 3.9 Bedingungen der verschachtelten `if-else`-Anweisung

Ausdruck 1	Ausdruck 2	Ausdruck 3	Ausführung
false	beliebig	beliebig	Block 2
true	true	beliebig	Block 3
true	false	true	Block 4
true	false	false	keiner der Blöcke 2, 3, 4

3.3 Höhere Programmiersprachen

Ein „vorsichtiger" Programmierer würde nach gründlicher Analyse entsprechend der Tabelle 3.9 vielleicht die folgende Konstruktion verwenden, die verständlicher ist und die Verschachtelung völlig vermeidet.

```
if (!Ausdruck1)                            {Block 2};
if ( Ausdruck1 &&  Ausdruck2)              {Block 3};
if ( Ausdruck1 && !Ausdruck2 && Ausdruck3) {Block 4};
```

Wiederholungen: while-Anweisung und do-while-Anweisung

Iterationen (wiederholte Ausführung von Anweisungen) gehören neben Sequenzen (Anweisungsfolgen) und Alternativen zu den drei erforderlichen Steuerstrukturen zur Realisierung von Algorithmen. Ein logischer Ausdruck steuert die Wiederholung der Anweisungen eines Blocks.

Bei der `while`-Anweisung:

```
while (logischer Ausdruck) {Anweisungsblock}
```

wird zuerst der logische Ausdruck bewertet; ergibt sich `true`, dann werden die Anweisungen des Blockes ausgeführt. Danach kehrt man zur Auswertung des Ausdruckes zurück. Das bedeutet, dass die im Block ausgeführten Operationen den logischen Ausdruck verändern müssen. Der Block wird verlassen, wenn die Auswertung des Ausdruckes den Wert `false` ergibt. Ergibt sich gleich beim ersten Mal der Wert `false`, dann wird der Block übergangen, seine Anweisungen werden kein einziges Mal ausgeführt.

Bei der `do-while`-Anweisung:

```
do {Anweisungsblock} while (logischer Ausdruck)
```

wird der Block (wenigstens) einmal ausgeführt, und erst danach wird der logische Ausdruck zum ersten Mal ausgewertet. Ab hier ist dann der Mechanismus der gleiche wie bei der ersten Form. Der Block wird solange wiederholt, bis der logische Ausdruck den Wert `false` ergibt.

3.4 Aufgaben

Aufgabe 3.1. Berechnen sie unter Verwendung von Binärzahlen: $45*22$. Addieren sie dabei nacheinander jeweils zwei Zwischenergebnisse. Überprüfen sie das Ergebnis.

Aufgabe 3.2. Bei der Addition $s = a+b$ von zwei positiven Zahlen zeigt das *carry*-Bit der höchstwertigen Stelle einen Überlauf an. Wie kann bei der Subtraktion $d = a - b$ ein Überlauf in die positive bzw. negative Richtung festgestellt werden? Die Berechnung aller Differenzen d für Binärzahlen im Intervall $-4 <= a, b <= +3$ kann helfen, die gesuchten logischen Ausdrücke zu finden.

Aufgabe 3.3. Bei der Synthese der vereinfachten Multiplikationsschaltung im Abschnitt 3.2 wurde als minimale disjunktive Form von f_2 (3.7) unter der Nebenbedingung (3.9) die Funktion (3.14) ohne explizite Überprüfung angegeben. Zeigen sie, dass $f_2 = a_1 b_1$ tatsächlich die gesuchte minimale disjunktive Form ist.

Aufgabe 3.4. Synthetisieren sie eine kombinatorische Schaltung, die den GRAY-Kode (g_1, g_2, g_3) in den Binärkode (b_1, b_2, b_3) umwandelt. Verwenden sie als Ausgangspunkt eine Funktionentabelle.

Aufgabe 3.5. Nach mehreren Korrekturen hat sich das folgende Programmfragment mit den `boolean`-Variablen a, b und c als korrekt herausgestellt.

```
if (!((a ^ b) || !b && c)) {if (!a && c)   {Block 1}}
else { if (a && b) {Block 2}
       else        {Block 3} };
```

Analysieren sie, unter welchen Bedingungen die Blöcke 1, 2 bzw. 3 ausgeführt werden und geben sie ein vereinfachtes Programmfragment mit dem gleichen Verhalten an.

4 Lösungen der Aufgaben

4.1 Lösungen zum Abschnitt 1

Lösung 1.1.
$$\begin{aligned}\mathbf{dec}(101001) &= 1 \cdot 2^5 + 0 \cdot 2^4 + 1 \cdot 2^3 + 0 \cdot 2^2 + 0 \cdot 2^1 + 1 \cdot 2^0 \\ &= 32 + 8 + 1 \\ &= 41 \ .\end{aligned}$$

Lösung 1.2. Die Übereinstimmung der hervorgehobenen Spalten der Tabelle 4.1 bestätigt die Richtigkeit des Distributivgesetzes (1.35).

Tabelle 4.1 Das Distributivgesetz $x_1 \vee (x_2 \odot x_3) = (x_1 \vee x_2) \odot (x_1 \vee x_3)$

x_1	x_2	x_3	$x_2 \odot x_3$	$x_1 \vee x_2 \odot x_3$	$(x_1 \vee x_2)$	$(x_1 \vee x_3)$	$(x_1 \vee x_2) \odot (x_1 \vee x_3)$
0	0	0	1	**1**	0	0	**1**
0	0	1	0	**0**	0	1	**0**
0	1	0	0	**0**	1	0	**0**
0	1	1	1	**1**	1	1	**1**
1	0	0	1	**1**	1	1	**1**
1	0	1	0	**1**	1	1	**1**
1	1	0	0	**1**	1	1	**1**
1	1	1	1	**1**	1	1	**1**

Lösung 1.3. Die Formel (1.57) geht durch Anwendung von (1.42), (1.36) und (1.17) in eine disjunktive Form (4.1) über:

$$x_1 \oplus \overline{x}_2\, \overline{x}_3 = x_1\, \overline{\overline{x}_2\, \overline{x}_3} \vee \overline{x}_1\, x_2\, \overline{x}_3 = x_1\, (x_2 \vee x_3) \vee \overline{x}_1\, x_2\, \overline{x}_3$$
$$= x_1\, x_2 \vee x_1\, x_3 \vee \overline{x}_1\, x_2\, \overline{x}_3 \ . \tag{4.1}$$

Aus der Formel (1.58) erhält man eine disjunktive Form (4.2), wenn man nacheinander die Regeln (1.17), (1.19), (1.18) und (1.15) anwendet:

$$(x_1 \vee \overline{x}_2\,\overline{x}_3) \wedge (\overline{x}_1 \vee x_2 \vee x_3) = x_1\,\overline{x}_1 \vee x_1\,x_2 \vee x_1\,x_3 \vee$$
$$\overline{x}_2\,\overline{x}_3\,\overline{x}_1 \vee \overline{x}_2\,\overline{x}_3\,x_2 \vee \overline{x}_2\,\overline{x}_3\,x_3$$
$$= 0 \vee x_1\,x_2 \vee x_1\,x_3 \vee \overline{x}_2\,\overline{x}_3\,\overline{x}_1 \vee 0 \vee 0$$
$$= x_1\,x_2 \vee x_1\,x_3 \vee \overline{x}_1\,\overline{x}_2\,\overline{x}_3 \; . \tag{4.2}$$

Die disjunktiven Formen (4.1) und (4.2) stimmen überein und drücken deshalb die gleiche Funktion aus. Durch Anwenden von (1.18) und (1.19) in umgekehrter Richtung erhält man die disjunktive Normalform (4.3) aus (4.1) oder (4.2):

$$x_1\,x_2\,\overline{x}_3 \vee x_1\,x_2\,x_3 \vee x_1\,\overline{x}_2\,x_3 \vee x_1\,x_2\,x_3 \vee \overline{x}_1\,\overline{x}_2\,\overline{x}_3 \; . \tag{4.3}$$

Alle Konjunktionen einer disjunktiven Normalform sind orthogonal zueinander. Deshalb entsteht die gesuchte Antivalenz-Normalform (4.4) aus (4.3) durch die Substitution aller Operationszeichen $\vee$ durch Operationszeichen $\oplus$:

$$x_1\,x_2\,\overline{x}_3 \oplus x_1\,x_2\,x_3 \oplus x_1\,\overline{x}_2\,x_3 \oplus x_1\,x_2\,x_3 \oplus \overline{x}_1\,\overline{x}_2\,\overline{x}_3 \; . \tag{4.4}$$

Lösung 1.4.

$D(f_1) = $

x_1	x_2	x_3	x_4	x_5	x_6
1	0	–	1	–	1
–	1	1	–	0	0
–	1	–	–	1	–

$D(f_2) = $

x_1	x_2	x_3	x_4	x_5	x_6
0	1	–	0	1	1
–	0	1	–	0	–

$D(f_3) = $

x_1	x_2	x_3	x_4	x_5	x_6
0	1	–	0	1	1
–	0	1	1	0	1

4.1 Lösungen zum Abschnitt 1

Lösung 1.5. Der vollständige Entscheidungsbaum entsteht aus der Abbildung 1.4 durch die Anwendung der Shannon-Zerlegung für x_3. Die beiden äußeren x_3-Knoten beschreiben die gleiche Subfunktion $f(x_3) = x_3$ und werden im BDD durch einen Knoten dargestellt. Analog kann man die beiden inneren x_3-Knoten der Subfunktion $f(x_3) = \overline{x}_3$ zum linken x_3-Knoten des BDD zusammenfassen.

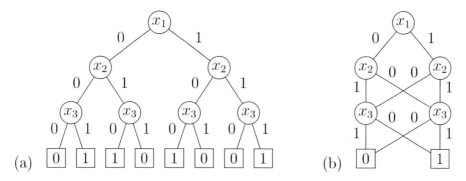

Abbildung 4.1 Graphen der Funktion $f = x_1 \oplus x_2 \oplus x_3$
(a) vollständiger Entscheidungsbaum, (b) BDD

4.2 Lösungen zum Abschnitt 2

Lösung 2.1. In der Tabelle 4.2 sind die Funktionswerte der linken und rechten Seite der Gleichung (2.15) angegeben, die Gleichheit festgestellt und die Lösungen hervorgehoben.

Tabelle 4.2 Lösung der logischen Gleichung (2.15)

x_1	x_2	x_3	x_4	linke Seite	rechte Seite	Gleichheit
0	0	0	0	0	1	
0	0	0	1	0	1	
0	0	1	0	0	1	
0	0	1	1	0	1	
0	1	0	0	0	1	
0	1	0	1	0	0	x
0	1	1	0	0	1	
0	1	1	1	0	0	x
1	0	0	0	0	1	
1	0	0	1	1	0	
1	0	1	0	1	1	x
1	0	1	1	1	0	
1	1	0	0	0	1	
1	1	0	1	1	1	x
1	1	1	0	1	1	x
1	1	1	1	1	1	x

Die sechs Binärvektoren der Lösungen der Gleichung (2.15) können mit zwei Ternärvektoren der Menge L ausgedrückt werden:

$$L = \begin{array}{c|cccc} & x_1 & x_2 & x_3 & x_4 \\ \hline & - & 1 & - & 1 \\ & 1 & - & 1 & 0 \end{array} \quad .$$

4.2 Lösungen zum Abschnitt 2

Lösung 2.2. (a) Durch die Negation der Funktionen auf beiden Seiten einer Gleichung ändert sich die Lösungsmenge nicht.

Tabelle 4.3 Negation auf beiden Seiten einer Gleichung

$f(\mathbf{x})$	$g(\mathbf{x})$	$f(\mathbf{x}) = g(\mathbf{x})$	$\overline{f(\mathbf{x})}$	$\overline{g(\mathbf{x})}$	$\overline{f(\mathbf{x})} = \overline{g(\mathbf{x})}$
0	0	**1**	1	1	**1**
0	1	**0**	1	0	**0**
1	0	**0**	0	1	**0**
1	1	**1**	0	0	**1**

$$f(\mathbf{x}) = g(\mathbf{x}) \quad \Leftrightarrow \quad \overline{f(\mathbf{x})} = \overline{g(\mathbf{x})} \tag{4.5}$$

(b) Durch die Konjunktion mit $h(\mathbf{x})$ auf beiden Seiten einer Gleichung entsteht eine Gleichung mit einer anderen Lösungsmenge. Die Lösungsmenge bleibt nur unverändert für den Sonderfall $h(\mathbf{x}) = 1(\mathbf{x})$.

Tabelle 4.4 Konjunktion mit $h(\mathbf{x})$ auf beiden Seiten einer Gleichung

f	g	h	$f = g$	$f \wedge h$	$g \wedge h$	$f \wedge h = g \wedge h$
0	0	0	**1**	0	0	**1**
0	0	1	**1**	0	0	**1**
0	1	0	**0**	0	0	**1**
0	1	1	**0**	0	1	**0**
1	0	0	**0**	0	0	**1**
1	0	1	**0**	1	0	**0**
1	1	0	**1**	0	0	**1**
1	1	1	**1**	1	1	**1**

(c) Durch die Disjunktion mit $h(\mathbf{x})$ auf beiden Seiten einer Gleichung entsteht eine Gleichung mit einer anderen Lösungsmenge. Die Lösungsmenge bleibt nur unverändert für den Sonderfall $h(\mathbf{x}) = 0(\mathbf{x})$.

Tabelle 4.5 Disjunktion mit $h(\mathbf{x})$ auf beiden Seiten einer Gleichung

f	g	h	$f=g$	$f \vee h$	$g \vee h$	$f \vee h = g \vee h$
0	0	0	**1**	0	0	**1**
0	0	1	**1**	1	1	**1**
0	1	0	**0**	0	1	**0**
0	1	1	**0**	1	1	**1**
1	0	0	**0**	1	0	**0**
1	0	1	**0**	1	1	**1**
1	1	0	**1**	1	1	**1**
1	1	1	**1**	1	1	**1**

(d) Durch die Antivalenz mit $h(\mathbf{x})$ auf beiden Seiten einer Gleichung ändert sich die Lösungsmenge nicht.

Tabelle 4.6 Antivalenz mit $h(\mathbf{x})$ auf beiden Seiten einer Gleichung

f	g	h	$f=g$	$f \oplus h$	$g \oplus h$	$f \oplus h = g \oplus h$
0	0	0	**1**	0	0	**1**
0	0	1	**1**	1	1	**1**
0	1	0	**0**	0	1	**0**
0	1	1	**0**	1	0	**0**
1	0	0	**0**	1	0	**0**
1	0	1	**0**	0	1	**0**
1	1	0	**1**	1	1	**1**
1	1	1	**1**	0	0	**1**

$$f(\mathbf{x}) = g(\mathbf{x}) \quad \Leftrightarrow \quad f(\mathbf{x}) \oplus h(\mathbf{x}) = g(\mathbf{x}) \oplus h(\mathbf{x}) \qquad (4.6)$$

(e) Durch die Äquivalenz mit $h(\mathbf{x})$ auf beiden Seiten einer Gleichung ändert sich die Lösungsmenge nicht.

4.2 Lösungen zum Abschnitt 2

Tabelle 4.7 Äquivalenz mit $h(\mathbf{x})$ auf beiden Seiten einer Gleichung

f	g	h	$f=g$	$f\odot h$	$g\odot h$	$f\odot h = g\odot h$
0	0	0	**1**	1	1	**1**
0	0	1	**1**	0	0	**1**
0	1	0	**0**	1	0	**0**
0	1	1	**0**	0	1	**0**
1	0	0	**0**	0	1	**0**
1	0	1	**0**	1	0	**0**
1	1	0	**1**	0	0	**1**
1	1	1	**1**	1	1	**1**

$$f(\mathbf{x}) = g(\mathbf{x}) \quad \Leftrightarrow \quad f(\mathbf{x})\odot h(\mathbf{x}) = g(\mathbf{x})\odot h(\mathbf{x}) \qquad (4.7)$$

Lösung 2.3. Ungleichungen der Relationen *größer* ($>$) und *größer gleich* ($\geq$) besitzen die aus Tabelle 4.8 ersichtlichen Lösungen.

Tabelle 4.8 Wertetabelle für beide Arten logischer Ungleichungen

$f(\mathbf{x})$	$g(\mathbf{x})$	$f(\mathbf{x}) > g(\mathbf{x})$	$f(\mathbf{x}) \geq g(\mathbf{x})$
0	0	0	1
0	1	0	0
1	0	1	1
1	1	0	1

Aus Tabelle 4.8 lassen sich unmittelbar die zu den Ungleichungen äquivalenten Gleichungen ablesen:

$$f(\mathbf{x}) > g(\mathbf{x}) \quad \Leftrightarrow \quad f(\mathbf{x}) \wedge \overline{g(\mathbf{x})} = 1 \quad \Leftrightarrow \quad \overline{f(\mathbf{x})} \vee g(\mathbf{x}) = 0 \;, \qquad (4.8)$$

$$f(\mathbf{x}) \geq g(\mathbf{x}) \quad \Leftrightarrow \quad f(\mathbf{x}) \vee \overline{g(\mathbf{x})} = 1 \quad \Leftrightarrow \quad \overline{f(\mathbf{x})} \wedge g(\mathbf{x}) = 0 \;. \qquad (4.9)$$

Lösung 2.4. Man bildet in einem ersten Schritt restriktive Formen der einzelnen Gleichungen:

$$
\begin{array}{rcl}
f_1(\mathbf{x}) & = & g_1(\mathbf{x}) \\
f_2(\mathbf{x}) & = & g_2(\mathbf{x}) \\
\vdots & = & \vdots \\
f_m(\mathbf{x}) & = & g_m(\mathbf{x})
\end{array}
\quad \Leftrightarrow \quad
\begin{array}{rcl}
f_1(\mathbf{x}) \oplus g_1(\mathbf{x}) & = & 0 \\
f_2(\mathbf{x}) \oplus g_2(\mathbf{x}) & = & 0 \\
\vdots & = & \vdots \\
f_m(\mathbf{x}) \oplus g_m(\mathbf{x}) & = & 0
\end{array}
\quad (4.10)
$$

Zur Lösungsmenge des Systems restriktiver Gleichungen gehören alle Binärvektoren, für die jede rechte Seite der m Gleichungen den Wert 0 annimmt, was mit der Disjunktion dieser Funktionen gesichert wird:

$$\bigvee_{i=1}^{m}(f_i(\mathbf{x}) \oplus g_i(\mathbf{x})) = 0 \ . \quad (4.11)$$

Sei H_i^0 die Lösungsmenge von $f_i(\mathbf{x}) \oplus g_i(\mathbf{x}) = 0$, so ergibt sich die Lösungsmenge H^0 des Gleichungssystems (4.10) mit der Durchschnittsoperation:

$$H^0 = \bigcap_{i=1}^{m} H_i^0 \ . \quad (4.12)$$

Lösung 2.5. Als Lösungsmengen der charakteristischen Gleichungen für jeweils eine Disjunktion der SAT-Formel (2.16) ergeben sich die fünf Lösungsmengen $L_i^1, i = 1, \ldots, 5$. Die Gesamtlösung L^1 ergibt sich als Durchschnitt L^1 dieser Mengen. Die SAT-Formel ist erfüllbar und hat die beiden Lösungen von L^1 (4.13).

$$
L_1^1 = \begin{array}{|cccc|} \hline x_1 & x_2 & x_3 & x_4 \\ \hline 1 & - & - & - \\ 0 & - & 1 & - \\ \hline \end{array}, \quad
L_2^1 = \begin{array}{|cccc|} \hline x_1 & x_2 & x_3 & x_4 \\ \hline 0 & - & - & - \\ 1 & 1 & - & - \\ 1 & 0 & - & 1 \\ \hline \end{array}, \quad
L_3^1 = \begin{array}{|cccc|} \hline x_1 & x_2 & x_3 & x_4 \\ \hline - & 1 & - & - \\ - & 0 & - & 0 \\ \hline \end{array},
$$

$$
L_4^1 = \begin{array}{|cccc|} \hline x_1 & x_2 & x_3 & x_4 \\ \hline - & 0 & - & - \\ - & 1 & 0 & - \\ \hline \end{array}, \quad
L_5^1 = \begin{array}{|cccc|} \hline x_1 & x_2 & x_3 & x_4 \\ \hline 0 & - & - & - \\ 1 & 0 & - & - \\ 1 & 1 & - & 0 \\ \hline \end{array}, \quad
L^1 = \begin{array}{|cccc|} \hline x_1 & x_2 & x_3 & x_4 \\ \hline 1 & 0 & 1 & 0 \\ 0 & 1 & 0 & 0 \\ \hline \end{array}.
$$

$$(4.13)$$

4.3 Lösungen zum Abschnitt 3

Lösung 3.1. Als binäre Kodierung von 45 und 22 ergeben sich:

$$45 = 32 + 8 + 4 + 1$$
$$= 1 \cdot 2^5 + 0 \cdot 2^4 + 1 \cdot 2^3 + 1 \cdot 2^2 + 0 \cdot 2^1 + 1 \cdot 2^0 = 101101 \,,$$
$$22 = 16 + 4 + 2$$
$$= 1 \cdot 2^4 + 0 \cdot 2^3 + 1 \cdot 2^2 + 1 \cdot 2^1 + 0 \cdot 2^0 = 10110 \,.$$

```
1 0 1 1 0 1 * 1 0 1 1 0
─────────────────────────
      1 0 1 1 0 1
        1 0 1 1 0 1
─────────────────────────
    1 1 1 0 0 0 0 1
          1 0 1 1 0 1
─────────────────────────
    1 1 1 1 0 1 1 1 1
                    0
─────────────────────────
    1 1 1 1 0 1 1 1 1 0
```

Als Dezimalzahl für das Ergebnis $(1111011110)_2$ erhält man:

$$1111011110 = 1 \cdot 2^9 + 1 \cdot 2^8 + 1 \cdot 2^7 + 1 \cdot 2^6 + 0 \cdot 2^5 + 4 \cdot 2^4 + 1 \cdot 2^3 + 1 \cdot 2^2 + 1 \cdot 2^1 + 1 \cdot 2^0$$
$$= 512 + 256 + 128 + 64 + 16 + 8 + 4 + 2$$
$$= 990$$

und $45 * 22 = 990$.

Lösung 3.2. Bei der Subtraktion $d = a - b$ wird der Überlauf durch die Auswertung der Vorzeichenbits a_v, b_v und d_v erkannt. Ein negativer Überlauf ergibt sich für $a_v \wedge \overline{b_v} \wedge \overline{d_v} = 1$. Ein positiver Überlauf ergibt sich für $\overline{a_v} \wedge b_v \wedge d_v = 1$.

Lösung 3.3. Die Konjunktion $a_1 b_1 \bar{b}_0$ kommt in der disjunktiven Form von f_2 (3.7) vor und erfüllt deshalb die ersten beiden Bedingungen der Definition 3.1. Durch Entfernen von jeweils einer Variablen entstehen als Kandidaten für Primkonjunktionen: $b_1 \bar{b}_0$, $a_1 \bar{b}_0$ und $a_1 b_1$. Von diesen drei Konjunktionen erfüllt nur die letzte die Bedingung (3.10):

$$b_1 \bar{b}_0 \wedge (a_1 b_1 \bar{b}_0 \vee a_1 \bar{a}_0 b_1 \vee a_1 a_0) \stackrel{?}{=} b_1 \bar{b}_0$$

$$a_1 b_1 \bar{b}_0 \vee a_1 \bar{a}_0 b_1 \bar{b}_0 \vee a_1 a_0 b_1 \bar{b}_0 \stackrel{?}{=} b_1 \bar{b}_0$$

$$a_1 b_1 \bar{b}_0 \neq b_1 \bar{b}_0 \qquad (4.14)$$

$$a_1 \bar{b}_0 \wedge (a_1 b_1 \bar{b}_0 \vee a_1 \bar{a}_0 b_1 \vee a_1 a_0) \stackrel{?}{=} a_1 \bar{b}_0$$

$$a_1 b_1 \bar{b}_0 \vee a_1 \bar{a}_0 b_1 \bar{b}_0 \vee a_1 a_0 \bar{b}_0 \stackrel{?}{=} a_1 \bar{b}_0$$

$$a_1 b_1 \wedge (b_1 \vee a_0) \neq a_1 \bar{b}_0 \qquad (4.15)$$

$$a_1 b_1 \wedge (a_1 b_1 \bar{b}_0 \vee a_1 \bar{a}_0 b_1 \vee a_1 a_0) \stackrel{?}{=} a_1 b_1$$

$$a_1 b_1 \bar{b}_0 \vee a_1 \bar{a}_0 b_1 \vee a_1 a_0 b_1 \stackrel{?}{=} a_1 b_1$$

$$a_1 b_1 = a_1 b_1 \, . \qquad (4.16)$$

Wegen (4.16) ist die Konjunktion $a_1 b_1 \bar{b}_0$ keine Primkonjunktion. Die Konjunktion $a_1 b_1$ erfüllt auch die Bedingung (3.11):

$$a_1 b_1 \wedge a_1 a_0 < a_1 b_1 \, , \qquad (4.17)$$

sowie die Bedingung (3.12) für b_1 und a_1:

$$b_1 \wedge (a_1 b_1 \bar{b}_0 \vee a_1 \bar{a}_0 b_1 \vee a_1 a_0) \stackrel{?}{<} b_1$$

$$b_1 a_1 < b1 \, , \qquad (4.18)$$

$$a_1 \wedge (a_1 b_1 \bar{b}_0 \vee a_1 \bar{a}_0 b_1 \vee a_1 a_0) \stackrel{?}{<} a_1$$

$$b_1 \wedge (b_1 \vee a_0) a_1 < a1 \, . \qquad (4.19)$$

Somit ist die Konjunktion $a_1 b_1$ eine Primkonjunktion von f_2 (3.7) unter der Nebenbedingung (3.9). Sie absorbiert die zweite Konjunktion $a_1 \bar{a}_0 b_1$ aus (3.7) und ist deshalb die einzige Primkonjunktion von f_2.

4.3 Lösungen zum Abschnitt 3

Lösung 3.4. Aus der Funktionentabelle können unmittelbar die Funktionsgleichungen in Antivalenz-Form abgelesen werden. In der Schaltung werden zwei XOR-Gatter verwendet.

g_1	g_2	g_3	b_1	b_2	b_3
0	0	0	0	0	0
0	0	1	0	0	1
0	1	1	0	1	0
0	1	0	0	1	1
1	1	0	1	0	0
1	1	1	1	0	1
1	0	1	1	1	0
1	0	0	1	1	1

$b_1 = g_1$
$b_2 = g_1 \oplus g_2$
$b_3 = g_2 \oplus g_3$

Lösung 3.5. Aus den drei Bedingungen der if-Anweisungen können unter Verwendung der üblichen Operatoren die logischen Ausdrücke

$$LA_1 = \overline{((a \oplus b) \vee \overline{b} \wedge c)}, \quad (4.20)$$
$$LA_2 = \overline{a} \wedge c, \quad (4.21)$$
$$LA_3 = a \wedge b \quad (4.22)$$

entnommen werden. Der Block 1 wird abgearbeitet, wenn die Funktion $f_1 = LA_1 \wedge LA_2$ den Wert 1 annimmt. Die Substitution von (4.20) und (4.21) in f_1 ergibt:

$$f_1 = \overline{((a \oplus b) \vee \overline{b} \wedge c)} \wedge \overline{a} \wedge c \quad (4.23)$$
$$= \overline{a\overline{b} \vee \overline{a}b \vee \overline{b}c} \wedge \overline{a}c \quad (4.24)$$
$$= (\overline{a} \vee b)(a \vee \overline{b})(b \vee \overline{c}) \wedge \overline{a}c \quad (4.25)$$
$$= (\overline{a}\,\overline{b}\,\overline{c} \vee ab \vee ab\overline{c}) \wedge \overline{a}c \quad (4.26)$$
$$= 0. \quad (4.27)$$

Da die Funktion f_1 konstant 0 ist, wird der Block 1 niemals ausgeführt.

Der Block 2 wird abgearbeitet, wenn die Funktion $f_2 = \overline{LA_1} \wedge LA_3$ den Wert 1 annimmt. Die Substitution von (4.20) und (4.22) in f_2 ergibt:

$$f_2 = \overline{((a \oplus b) \vee \overline{b} \wedge c)} \wedge a \wedge b \qquad (4.28)$$
$$= (a\,\overline{b} \vee \overline{a}\,b \vee \overline{b}\,c) \wedge a\,b \qquad (4.29)$$
$$= 0 \,. \qquad (4.30)$$

Da die Funktion f_2 konstant 0 ist, wird der Block 2 niemals ausgeführt.

Der Block 3 wird abgearbeitet, wenn die Funktion $f_3 = \overline{LA_1} \wedge \overline{LA_3}$ den Wert 1 annimmt. Die Substitution von (4.20) und (4.22) in f_3 ergibt:

$$f_3 = \overline{((a \oplus b) \vee \overline{b} \wedge c)} \wedge \overline{(a \wedge b)} \qquad (4.31)$$
$$= (a\,\overline{b} \vee \overline{a}\,b \vee \overline{b}\,c) \wedge (\overline{a} \vee \overline{b}) \qquad (4.32)$$
$$= a\,\overline{b} \vee \overline{a}\,b \vee \overline{b}\,c \qquad (4.33)$$
$$= (a \oplus b) \vee \overline{b}\,c \,. \qquad (4.34)$$

Die Funktion f_3 nimmt für fünf Belegungen der boolean-Variablen a, b und c den Wert 1 an. Für diese Wertekombinationen muss der Block 3 ausgeführt werden. Die Transformation des Ausdrucks (4.34) der Funktion f_3 in die Notation der Programmiersprache Java ergibt das gesuchte vereinfachte Programmfragment, das zu dem aufwendigen Programmfragment aus der Aufgabe 3.5 äquivalent ist.

```
if ((a ^ b) || !b && c) {Block 3};
```

Literatur

[1] A. Biere u. a., (Hrsg.): *Handbook of Satisfiability*. Bd. 185. Frontiers in Artificial Intelligence and Applications. IOS Press, Feb. 2009, S. 980.

[2] D. Bochmann und B. Steinbach: *Logikentwurf mit XBOOLE – Algorithmen und Programme*. Berlin: Verlag Technik, 1991, S. 304.

[3] G. Boole: *The Mathematical Analysis of Logic, being an Essay Towards a Calculus of Deductive Reasoning by George Boole – deutsch: Die mathematische Analyse der Logik. Der Versuch eines Kalküls des deduktiven Schließens von George Boole*. Hrsg. von T. Bergt. Texte & Dokumente: Schriftenreihe zur Geistes- und Kulturgeschichte. Hallscher Verlag, 2001, S. 195.

[4] R. Drechsler und B. Becker: *Graphenbasierte Funktionsdarstellung: Boolesche und Pseudo-Boolesche Funktionen*. Leitfäden der Informatik. Stuttgart: B. G. Teubner, 1998, S. 200.

[5] F. Dresig u. a.: *Programmieren mit XBOOLE*. Bd. 5. Wissenschaftliche Schriftenreihe der Technischen Universität Chemnitz. Technische Universität Chemnitz, 1992, S. 119.

[6] M. Gebser u. a.: clasp: A Conflict-Driven Answer Set Solver. In: *9th International Conference on Logic Programming and Nonmonotonic Reasoning*. Bd. LNAI 4483. LPNMR. Tempe, AZ, USA: Springer, 2007, S. 260–265.

[7] C. Heinisch, F. Müller-Hofmann und J. Goll: *JAVA als erste Programmiersprache – vom Einsteiger zum Profi*. Stuttgart: B. G. Teubner, 2010, S. 1266.

[8] G. W. Leibniz: *Calculus Universalis: Studien zur Logik von G.W. Leibniz*. Hrsg. von W. Lenzen. Wiley-Interscience Series in Discrete Mathematics and Optimization. Paderborn: Mentis Verlag, 2004, S. 380.

[9] C. Posthoff und B. Steinbach: *Logic Functions and Equations – Binary Models for Computer Science*. Dordrecht: Springer, 2004, S. 392.

[10] C. E. Shannon: The Synthesis of Two-Terminal Switching Circuits. In: *Bell System Technical Journal* 28.1 (1949), S. 59–98.

[11] B. Steinbach: XBOOLE – A Toolbox for Modelling, Simulation, and Analysis of Large Digital Systems. In: *System Analysis and Modeling Simulation* 9.4 (1992), S. 297–312.

[12] B. Steinbach und C. Posthoff: An Extended Theory of Boolean Normal Forms. In: *Proceedings of the 6th Annual Hawaii International Conference on Statistics, Mathematics and Related Fields*. Honolulu, Hawaii, 2007, S. 1124–1139.

[13] B. Steinbach und C. Posthoff: Extremely Complex 4-Colored Rectangle-Free Grids: Solution of Open Multiple-Valued Problems. In: *Proceedings of the IEEE 42nd International Symposium on Multiple-Valued Logic*. ISMVL. Victoria, BC, Canada, 2012, S. 37–44. DOI: `10.1109/ISMVL.2012.12`.

[14] B. Steinbach und C. Posthoff: *Logic Functions and Equations – Examples and Exercises*. Springer Science + Business Media B.V., 2009, S. 231.

Stichwortverzeichnis

Äquivalenz, 24, 25, 30, 31, 33, 54, 60, 90, 91

Alternative, 24, 83
   einfache, 80, 81
   mehrfache, 81
Antivalenz, 19, 20, 25, 30, 32–35, 38, 54, 60, 72, 80, 90

Beweisprinzip, 30
Binärkode, 34, 35, 84
Boolesche Algebra, 30
   duale, 30

Datentyp
   boolean, 79
   int, 79
De Morgan
   Gesetze von, 32
   Negation nach, 52
Dezimaläquivalent, 15, 22, 46
Disjunktion, 24, 30–32, 37–39, 52, 57, 60, 77, 89, 90, 92
Durchmusterung
   vollständige, 20, 29, 30, 46

Einerkomplement, 66

Form
   Antivalenz-, 95
   disjunktive, 43, 46, 72, 75–77, 84–86
   konjunktive, 57
Formel, 26, 27, 29, 33–36, 46, 57, 58, 85, 86, 92
Funktion
   binäre, 22, 35, 39, 40
   Boolesche, 22
   logische, 22, 68
Funktionensystem
   vollständiges, 39

Gleichung
   binäre, 47
   Boolesche, 47
   charakteristisch, 51–54, 56–58, 92
   homogen, 51
   logische, 47, 52, 55, 60, 88
   restriktiv, 51–54, 60, 92
Gleichungssystem, 56–58, 60, 72, 92
   binäres, 56
   Boolesches, 56
   logisches, 47, 56
Gleichwertigkeit, 24
GRAY-Kode, 17, 18, 34, 35, 84

HAMMING-Metrik, 19, 21

Idempotenz, 32
Implikation, 25, 26

Java, 79, 80, 96

Konjunktion, 23, 24, 30, 32, 36–38, 42–44, 49, 51, 52, 56, 57, 60, 72, 75–78, 80, 86, 89, 94
Konklusion, 25
Kugel, 20, 21
    abgeschlossene, 20
    Mittelpunkt, 21
    offen, 20
    Radius, 21

Lösung
    Gleichung, 47–49, 51–54, 60, 70, 88
    Gleichungssystem, 56, 58, 60, 92
    Ungleichung, 55

Metrik, 18–21

Nebenbedingung, 75–78, 84, 94
Norm, 18, 19
Normalform
    Äquivalenz-, 39
    Antivalenz-, 37, 38, 46, 86
    disjunktive, 36, 37, 42, 43, 86
    konjunktive, 36, 37, 39

Operation, 19, 24

Ordnung
    lexikographisch, 14
Orthogonalität, 44, 45

Phase, 68, 73
Phasenliste, 68–70, 72, 73
Prämisse, 25
Primkonjunktion, 75–78, 94

Raum
    binärer, 12
    Boolescher, 12
    metrischer, 18, 20
Regel, 26, 38, 42
Ring, 30
    kommutativer, 31, 32

SAT-Solver, 26, 57, 59
Schlussfolgerung, 25, 26
System
    regelbasiert, 26

Ternärvektor, 39, 42–44, 51
Ternärvektorliste, 42, 46, 47, 49, 57, 68
TVL, 42–45, 49, 52, 53, 58

Ungleichung
    binäre, 55
    Boolesche, 55
    logische, 55, 91

Voraussetzung, 25

XBOOLE, 47, 53

Zweierkomplement, 65, 66

Edition am Gutenbergplatz Leipzig
www.eagle-leipzig.de / Verlagsgründung am 21.02.2003
weiss@eagle-leipzig.eu im Haus des Buches am Gutenbergplatz Leipzig.
www.eagle-leipzig.de/verlagsprogramm.htm / www.eagle-leipzig.de/017-luderer.htm

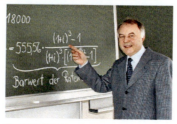

Bernd Luderer aus Chemnitz.
Seit 2004: Herausgeber der Sammlung „EAGLE-GUIDE / Mathematik im Studium".
B. Luderer: EAGLE 017. 2. Aufl. 2009.
85 S. € 12,00. ISBN 978-3-937219-96-7

Stiftung Benedictus Gotthelf Teubner
Leipzig / Dresden / Berlin / Stuttgart
Stiftungsgründung am 21.02.2003
im Haus des Buches am Gutenbergplatz Leipzig.
www.teubner-stiftung.eu / www.stiftung-teubner-leipzig.de

21.02.1811 / Leipzig: Firmengründung B. G. Teubner.
21.02.2011 / Leipzig: Benedictus-Gotthelf-Teubner-Wissenschaftspreis an **Hans Triebel** aus Jena.

Neuer Wissenschaftspreis 2014:

Künftig alle zwei Jahre: **Wissenschaftspreis der Teubner-Stiftung zur Förderung der Mathematischen Wissenschaften.**
Erster Preisträger, 21.02.2014: **Eberhard Zeidler** aus Leipzig.

Damit wird an den „Alfred Ackermann-Teubner-Gedächtnispreis zur Förderung der Mathematischen Wissenschaften" angeknüpft, der von 1914 bis 1941 in Leipzig vergeben wurde.
Erster Preisträger, Leipzig 1914: **Felix Klein** (1849-1925).

Am 21.02.2015 wird die Stiftung den siebenten
Benedictus-Gotthelf-Teubner-Förderpreis
verleihen. Seit 21.02.2004 erhielten diesen Teubner-Förderpreis:

- **Albrecht Beutelspacher** aus Gießen (Mathematikum Gießen),
- Leipziger Schülergesellschaft für Mathematik (LSGM),
- Mathematische Schülergesellschaft „Leonhard Euler" (MSG) an der Humboldt-Universität zu Berlin,
- Erlebnisland Mathematik in den Technischen Sammlungen Dresden (Fachrichtung Mathematik TU Dresden / Techn. Sammlungen Dresden),
- Adam-Ries-Bund Annaberg-Buchholz,
- Mathematische Zeitschrift „Die Wurzel" Jena.

1914: F. Klein   2004: A. Beutelspacher   2011: H. Triebel   2014: E. Zeidler

Edition am Gutenbergplatz Leipzig / (abgekürzt: EAGLE) www.eagle-leipzig.de/verlagsprogramm.htm

Alt, W. / Schneider, C. / Seydenschwanz, M.: EAGLE-STARTHILFE Optimale Steuerung.
Theorie und numerische Verfahren. Leipzig 2013. 1. Aufl. EAGLE 073. ISBN 978-3-937219-73-8

Bandemer, H.: Mathematik und Ungewissheit. Leipzig 2005. 1. Aufl. EAGLE 023. ISBN 3-937219-23-4

Britzelmaier, B. / Studer, H. P. / Kaufmann, H.-R.: EAGLE-STARTHILFE Marketing.
Leipzig 2010. 2. Aufl. EAGLE 040. ISBN 978-3-937219-40-0

Britzelmaier, B.: EAGLE-STARTHILFE Finanzierung und Investition. 2009. 2. A. EAGLE 026. 978-3-937219-93-6

Brune, W.: EAGLE-STARTHILFE Physikalische Klimamodelle. Leipzig 2014. 1. A. EAGLE 071. 978-3-937219-71-4

Brune, W.: EAGLE-GUIDE Klima von A bis Z. Leipzig 2012. 1. Aufl. EAGLE 061. ISBN 978-3-937219-61-5

Brune, W.: Klimaphysik. Strahlung und Materieströme. Leipzig 2011. 1. Aufl. EAGLE 034. ISBN 978-3-937219-34-9

Dettweiler, E.: Risk Processes. Leipzig 2004. 1. Aufl. EAGLE 008. ISBN 3-937219-08-0

Deweß, G. / Hartwig, H.: EAGLE-STARTHILFE Ein Semester Operations Research.
Modelle – Prinzipien – Beispiele. Leipzig 2013. 1. Aufl. EAGLE 070. ISBN 978-3-937219-70-7

Deweß, G. / Hartwig, H.: Wirtschaftsstatistik für Studienanfänger. Begriffe – Aufgaben – Lösungen.
Leipzig 2010. 1. Aufl. EAGLE 038. ISBN 978-3-937219-38-7

Eschrig, H.: The Particle World of Condensed Matter. An Introduction to the Notion of Quasi-Particle.
Leipzig 2005. 1. Aufl. EAGLE 024. ISBN 3-937219-24-2

Eschrig, H.: The Fundamentals of Density Functional Theory. Leipzig 2003. 2. A. EAGLE 004. ISBN 3-937219-04-8

Foken, T.: EAGLE-STARTHILFE Energieaustausch an der Erdoberfläche. Lokalklima – Landnutzung – Klimawandel.
Leipzig 2013. 1. Aufl. EAGLE 063. ISBN 978-3-937219-63-9

Franeck, H.: … aus meiner Sicht. Freiberger Akademieleben. Geleitwort: **D. Stoyan.**
Leipzig 2009. 1. Aufl. EAGLE 030. ISBN 978-3-937219-30-1

Franeck, H.: EAGLE-STARTHILFE Technische Mechanik. Leipzig 2004. 2. Aufl. EAGLE 015. ISBN 3-937219-15-3

Fröhner, M. / Windisch, G.: EAGLE-GUIDE Elementare Fourier-Reihen. 2009. 2. A. EAGLE 018. 978-3-937219-99-8

Gräbe, H.-G.: EAGLE-GUIDE Algorithmen für Zahlen und Primzahlen. 2012. 1. A. EAGLE 058. 978-3-937219-58-5

Graumann, G.: EAGLE-STARTHILFE Grundbegriffe der Elementaren Geometrie.
Leipzig 2011. 2. Aufl. EAGLE 006. ISBN 978-3-937219-80-6

Günther, H. / Müller, V.: EAGLE-GUIDE Relativitätstheorie von A bis Z. Einsteins Spezielle Relativitätstheorie.
Leipzig 2013. 1. Aufl. EAGLE 067. ISBN 978-3-937219-67-7

Günther, H.: Bewegung in Raum und Zeit. Leipzig 2012. 1. Aufl. EAGLE 054. ISBN 978-3-937219-54-7

Günther, H.: EAGLE-GUIDE Raum und Zeit – Relativität. Leipzig 2009. 2. A. EAGLE 022. ISBN 978-3-937219-88-2

Haftmann, R.: EAGLE-GUIDE Differenzialrechnung. Vom Ein- zum Mehrdimensionalen.
Leipzig 2009. 1. Aufl. EAGLE 029. ISBN 978-3-937219-29-5

Hauptmann, S.: EAGLE-STARTHILFE Chemie. Leipzig 2004. 3. Aufl. EAGLE 007. ISBN 3-937219-07-2

Hildebrandt, S.: Rheticus zum 500. Geburtstag. Leipzig 2014. 1. Aufl. EAGLE 074. ISBN 978-3-937219-74-5

Huber, M. / Albertini, C.: EAGLE-STARTHILFE Grundbegriffe der Mathematik. Logik – Mengen – Relationen und Funktionen – Zahlbegriff. Leipzig 2014. 1. Aufl. EAGLE 072. ISBN 978-3-937219-72-1

Hupfer, P. / Becker, P. / Börngen, M.: 20.000 Jahre Berliner Luft. Klimaschwankungen im Berliner Raum.
Geleitwort: **M. Müller.** Leipzig 2013. 1. Aufl. EAGLE 062. ISBN 978-3-937219-62-2

Hupfer, P. / Tinz, B.: EAGLE-GUIDE Die Ostseeküste im Klimawandel. Fakten – Projektionen – Folgen.
Leipzig 2011. 1. Aufl. EAGLE 043. ISBN 978-3-937219-43-1

Inhetveen, R.: Logik. Eine dialog-orientierte Einführung. Leipzig 2003. 1. Aufl. EAGLE 002. ISBN 3-937219-02-1

Junghanns, P.: EAGLE-GUIDE Orthogonale Polynome. Leipzig 2009. 1. Aufl. EAGLE 028. ISBN 978-3-937219-28-8

Klingenberg, W. P. A.: Klassische Differentialgeometrie. Eine Einführung in die Riemannsche Geometrie.
Leipzig 2004. 1. Aufl. EAGLE 016. ISBN 3-937219-16-1

Krämer, H.: Teubnerianae. Vorträge und Aufsätze. Leipzig 2013. 1. Aufl. EAGLE 066. ISBN 978-3-937219-66-0

Krämer, H.: In der sächsischen Kutsche. Der Firmengründer B. G. Teubner und seine Nachfolger
A. Ackermann-Teubner und A. Giesecke-Teubner. Leipzig 2012. 1. Aufl. EAGLE 056. ISBN 978-3-937219-56-1

Krämer, H. / Weiß, J.: „Wissenschaft und geistige Bildung kräftig fördern". Zweihundert Jahre B. G. Teubner.
Leipzig 2011. 1. Aufl. EAGLE 050. ISBN 978-3-937219-50-9

Krämer, H.: Die Altertumswissenschaft und der Verlag B. G. Teubner. 2011. 1. A. EAGLE 049. 978-3-937219-49-3

Krämer, H.: Neun Gelehrtenleben am Abgrund der Macht. Der Verlagskatalog B. G. Teubner, Leipzig – Berlin 1933:
Eduard Norden. Paul Maas. Eduard Fraenkel. Eugen Täubler. Alfred Einstein. Albert Einstein. Max Born.
Hermann Weyl. Franz Ollendorff. Leipzig 2011. 2. Aufl. EAGLE 048. ISBN 978-3-937219-48-6

Kufner, A. / Leinfelder, H.: EAGLE-STARTHILFE Elementare Ungleichungen. Eine Einführung mit Übungen. Leipzig 2012. 1. Aufl. EAGLE 045. ISBN 978-3-937219-45-5

Lassmann, W. / Schwarzer, J. (Hrsg.): Optimieren und Entscheiden in der Wirtschaft. Gewidmet dem Nobelpreisträger L. W. Kantorowitsch. Mit seiner Nobelpreisrede 1975 und seinem Festvortrag zur Verleihung der Ehrendoktorwürde, Halle-Wittenberg 1984. Leipzig 2004. 1. Aufl. EAGLE 013. ISBN 3-937219-13-7

Luderer, B.: EAGLE-GUIDE Basiswissen der Algebra. Leipzig 2009. 2. Aufl. EAGLE 017. ISBN 978-3-937219-96-7

Luderer, B. (Ed.): Adam Ries and his 'Coss'. A Contribution to the Development of Algebra in 16th Century Germany. With Contributions by W. Kaunzner, H. Wussing, and B. Luderer. Leipzig 2004. 1. A. EAGLE 011. ISBN 3-937219-11-0

Neumann, O. (Hrsg.): Bernhard Riemann / Hermann Minkowski, Riemannsche Räume und Minkowski-Welt. Mit Originalarbeiten von B. Riemann, H. Minkowski, R. Dedekind, D. Hilbert und dem von Olaf Neumann verfassten Essay „Riemann, Minkowski und der Begriff ‚Raum'". Geleitwort: H. Wußing. Leipzig 2012. 1. Aufl. EAGLE 014. **EAGLE-ARCHIV.** ISBN 978-3-937219-14-1

Ortner, E.: Sprachbasierte Informatik. Leipzig 2005. 1. Aufl. EAGLE 025. ISBN 3-937219-25-0

Pieper, H.: Netzwerk des Wissens und Diplomatie des Wohltuns. Berliner Mathematik, gefördert von A. v. Humboldt und C. F. Gauß. Geleitwort: E. Knobloch. Leipzig 2004. 1. Aufl. EAGLE 012. ISBN 3-937219-12-9

Radbruch, K.: Bausteine zu einer Kulturphilosophie der Mathematik. 2009. 1. A. EAGLE 031. 978-3-937219-31-8

Reich, K. (Hrsg.): W. Sartorius von Waltershausen, C. F. Gauß zum Gedächtniss. Biographie C. F. Gauß, Leipzig 1856. Mit dem von Karin Reich verfassten Essay „Wolfgang Sartorius von Waltershausen (1809-1876)". Leipzig 2012. 1. Aufl. EAGLE 057. **EAGLE-ARCHIV.** ISBN 978-3-937219-57-8

Resch, J.: EAGLE-GUIDE Finanzmathematik. Leipzig 2004. 1. Aufl. EAGLE 020. ISBN 3-937219-20-X

Scheja, G.: Der Reiz des Rechnens. Leipzig 2004. 1. Aufl. EAGLE 009. ISBN 3-937219-09-9

Schreiber, A.: Die enttäuschte Erkenntnis. Paramathematische Denkzettel. Leipzig 2013. 1. Aufl. EAGLE 068. ISBN 978-3-937219-68-4

Sebastian, H.-J.: Optimierung von Distributionsnetzwerken. Leipzig 2013. 1. A. EAGLE 039. 978-3-937219-39-4

Sprößig, W. / Fichtner, A.: EAGLE-GUIDE Vektoranalysis. Leipzig 2004. 1. Aufl. EAGLE 019. ISBN 3-937219-19-6

Stolz, W.: EAGLE-GUIDE Radioaktivität von A bis Z. Leipzig 2014. 2. Aufl. EAGLE 053. ISBN 978-3-937219-94-3

Stolz, W.: EAGLE-GUIDE Formeln zur elementaren Physik. Leipzig 2009. 1. A. EAGLE 027. ISBN 978-3-937219-27-1

Thiele, R.: Felix Klein in Leipzig. Mit F. Kleins Antrittsrede, Leipzig 1880. 2011. 1. A. EAGLE 047. 978-3-937219-47-9

Thiele, R.: Van der Waerden in Leipzig. Geleitwort: F. Hirzebruch. 2009. 1. A. EAGLE 036. ISBN 978-3-937219-36-3

Thierfelder, J.: EAGLE-GUIDE Nichtlineare Optimierung. Leipzig 2005. 1. Aufl. EAGLE 021. ISBN 3-937219-21-8

Triebel, H.: Anmerkungen zur Mathematik. Leipzig 2011. 1. Aufl. EAGLE 052. ISBN 978-3-937219-52-3

Wagenknecht, C.: EAGLE-STARTHILFE Berechenbarkeitstheorie. Cantor-Diagonalisierung – Gödelisierung – Turing-Maschine. Leipzig 2012. 1. Aufl. EAGLE 059. ISBN 978-3-937219-59-2

Walser, H.: DIN A4 in Raum und Zeit. Silbernes Rechteck – Goldenes Trapez – DIN-Quader. Leipzig 2013. 1. Aufl. EAGLE 069. ISBN 978-3-937219-69-1

Walser, H.: Der Goldene Schnitt. Mit einem Beitrag von H. Wußing. 2013. 6. Aufl. EAGLE 001. 978-3-937219-85-1

Walser, H.: Fibonacci. Zahlen und Figuren. Leipzig 2012. 1. Aufl. EAGLE 060. ISBN 978-3-937219-60-8

Walser, H.: 99 Schnittpunkte. Beispiele – Bilder – Beweise. Leipzig 2012. 2. Aufl. EAGLE 010. 978-3-937219-95-0

Walser, H.: Geometrische Miniaturen. Leipzig 2011. 1. Aufl. EAGLE 042. ISBN 978-3-937219-42-4

Weiß, J.: Deutsche Blätter, Oktober 1813. Leipzig – Völkerschlacht – Brockhaus – Teubner. Leipzig 2013. 1. Aufl. EAGLE 065. **EAGLE-ARCHIV.** ISBN 978-3-937219-65-3

Weiß, J.: B. G. Teubner zum 225. Geburtstag. Adam Ries – Völkerschlacht – F. A. Brockhaus – Augustusplatz – Leipziger Zeitung – Börsenblatt. Geleitwort: H. Krämer. Leipzig 2009. 1. Aufl. EAGLE 035. ISBN 978-3-937219-35-6

Wußing, H.: EAGLE-GUIDE Von Descartes bis Euler. Mathematik und Wissenschaftliche Revolution. Vorwort: G. Wußing. Leipzig 2013. 1. Aufl. EAGLE 064. ISBN 978-3-937219-64-6

Wußing, H. / Folkerts, M.: EAGLE-GUIDE Von Pythagoras bis Ptolemaios. Mathematik in der Antike. Vorwort: G. Wußing. Leipzig 2012. 1. Aufl. EAGLE 055. ISBN 978-3-937219-55-4

Wußing, H.: Carl Friedrich Gauß. Biographie und Dokumente. Leipzig 2011. 6. Aufl. EAGLE 051. 978-3-937219-51-6

Wußing, H.: EAGLE-GUIDE Von Leonardo da Vinci bis Galileo Galilei. Mathematik und Renaissance. Leipzig 2010. 1. Aufl. EAGLE 041. ISBN 978-3-937219-41-7

Wußing, H.: EAGLE-GUIDE Von Gauß bis Poincaré. Mathematik und Industrielle Revolution. Leipzig 2009. 1. Aufl. EAGLE 037. ISBN 978-3-937219-37-0

Wußing, H.: Adam Ries. Mit einem Anhang (Leipzig 2009) von M. Folkerts, R. Gebhardt, A. Meixner, F. Naumann, M. Weidauer, H. Wußing. Geleitwort: R. Gebhardt. Leipzig 2009. 3. A. EAGLE 033. 978-3-937219-33-2

Alle EAGLE-Bände im VLB-online   www.eagle-leipzig.de   /   www.leipziger-manuskripte.de

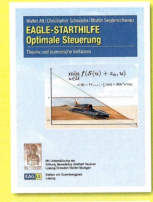
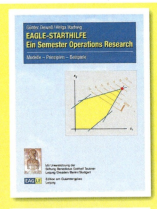

EAGLE-STARTHILFEN

www.eagle-leipzig.de/starthilfen.htm